FACULTÉ DE DROIT DE TOULOUSE.

# DES EXCEPTIONS

## EN DROIT ROMAIN

# ET DU ROLE DU DÉFENDEUR

## EN DROIT FRANÇAIS

## THÈSE POUR LE DOCTORAT

SOUTENUE DEVANT LA FACULTÉ DE DROIT DE TOULOUSE

Par M. Paul LARROUY, Avocat

Né à Lagardelle (Haute-Garonne)

TOULOUSE
IMPRIMERIE Louis & Jean-Matthieu DOULADOURE
Rue Saint-Rome, 39

1873

FACULTÉ DE DROIT DE TOULOUSE.

# DES EXCEPTIONS

## EN DROIT ROMAIN

# ET DU ROLE DU DÉFENDEUR

## EN DROIT FRANÇAIS

## THÈSE POUR LE DOCTORAT

SOUTENUE DEVANT LA FACULTÉ DE DROIT DE TOULOUSE

Par M. Paul LARROUY, Avocat

Né à Lagardelle (Haute-Garonne)

TOULOUSE

IMPRIMERIE Louis & Jean-Matthieu DOULADOURE

Rue Saint-Rome, 39

1873

F

38237

## FACULTÉ DE DROIT DE TOULOUSE.

---

MM. DUFOUR ✻, doyen, *professeur de Droit commercial.*
RODIÈRE ✻, *professeur de Procédure civile.*
MOLINIER ✻, *professeur de Droit criminel.*
BRESSOLLES ✻, *professeur de Code civil.*
MASSOL ✻, *professeur de Droit romain.*
GINOULHIAC, *professeur de Droit français, étudié dans ses origines féodales et coutumières.*
HUC, *professeur de Code civil.*
HUMBERT, *professeur de Droit romain, en congé.*
ROZY, *professeur de Droit administratif.*
POUBELLE, *professeur de Code civil, en congé.*
BONFILS, agrégé, *chargé de cours.*
ARNAULT, agrégé, *chargé du cours d'Économie politique.*
DELOUME, agrégé, *chargé de cours.*
CONSTANS, agrégé.

---

M. DARRENOUGUÉ, Officier de l'Instruction publique, Secrétaire Agent comptable.

*Président de la thèse :* M. RODIÈRE.

| | | |
|---|---|---|
| *Suffragants.* | MM. MOLINIER, MASSOL, ROZY, | *Professeurs.* |
| | BONFILS, | *Agrégé.* |

---

La Faculté n'entend approuver ni désapprouver les opinions particulières du candidat.

# SOMMAIRE.

# DROIT COUTUMIER.

# DROIT FRANÇAIS.

jv

# INTRODUCTION.

---

Nous nous proposons d'examiner dans le Droit romain la théorie si importante des exceptions, en insistant moins sur le rôle ordinaire du défendeur, soit qu'il se borne à empêcher le demandeur de faire la preuve de son *intentio*, soit lorsqu'il invoque contre cette *intentio* un moyen de défense admis par l'*ipsum jus*.

Nous demandons la permission d'utiliser pour ce travail, en outre des leçons de nos maîtres, les notes et les souvenirs des cours que nous avons suivis devant les Facultés d'Allemagne. Après avoir subi devant la Faculté de Toulouse les deux examens de doctorat, nous avons, en effet, été étudiant dans l'Université de Leipzig avant la fatale guerre de 1870, et depuis dans celle de Vienne pendant cinq semestres classiques.

Pour le Droit coutumier et le Droit français actuel nous ne pouvions pas nous cantonner dans le même sujet, puisque l'exception proprement dite avait disparu avec la formule formulaire. Notre sujet s'est donc trouvé naturellement élargi et nous avons été amené à traiter d'une manière générale du rôle du défendeur. Ici, la voie à parcourir eût été tellement longue et disproportionnée à nos forces que nous avons dû nous borner à un large exposé de principes sans entrer jamais dans les détails de chaque spécialité.

# DROIT ROMAIN.

## SYSTÈME DE DÉFENSE DANS L'ANCIENNE PROCÉDURE ROMAINE.

### Préliminaires.

Le principe fondamental qui domine la procédure romaine et qui lui sert en quelque sorte de base est celui-ci : Chaque Droit doit faire en justice l'objet d'une demande séparée. Le cumul de plusieurs prétentions dans le même procès, comme cela se pratique dans notre procédure moderne, était strictement défendu dans l'ancien Droit romain, même dans le cas où les diverses demandes avaient entre elles les points de contact les plus intimes. Le Droit romain ne considérait pas les actions comme formant un ensemble de droits abstraits reposant sur la tête de telle ou telle personne ; mais au contraire, il les individualisait en accordant à chacune une vie et une activité indépendantes.

Supposons que Cornelius ait injustement détourné le cours des eaux de pluie vers le champ de son voisin Sempronius, et qu'il lui ait par ce fait causé un dommage ; comment celui-ci devra-t-il attaquer Cornelius en justice (1) ? Il sera peut-être obligé d'in-

(1) L. 14, § 2, 4, Dig., *de aq. plur.* (39, 3).

tenter quatre actions : 1° l'action *pluviæ arcendæ* pour faire démolir les travaux déjà faits ; 2° l'interdit *quod vi aut clam* pour obtenir réparation des dommages ; 3° une action pour obtenir une caution *damni infecti*, en garantie du paiement des dommages pouvant survenir après la sentence ; 4° une deuxième action *aquæ pluviæ arcendæ* pour se plaindre des changements qui peuvent être survenus pendant le cours du procès ; et même une cinquième action sera nécessaire si le défendeur aliène le fonds sur lequel les travaux ont été faits (1).

Tel fut le point de vue auquel l'ancien Droit resta régulièrement fidèle ; le Droit postérieur ne se départit de cette sévérité que dans les actions que le Préteur étendit à des cas présentant une plus ou moins grande analogie avec ceux pour lesquels elles avaient été primitivement instituées.

C'est ainsi qu'en sus d'une action pénale basée sur le dol au moyen de laquelle on attaquait le possesseur qui avait abandonné sa possession frauduleusement, *dolose*, le demandeur avait encore la faculté d'intenter les mêmes actions que si l'abandon de la possession n'avait pas eu lieu (2).

Nous devons encore mentionner trois autres dérogations au principe d'unité de question dans un seul procès. Ce sont les suivantes : 1° On admet une seule action *familiæ erciscundæ* pour procéder au partage de plusieurs hérédités communes à plusieurs personnes ; 2° une seule action *pro socio* pour la liquidation de plusieurs sociétés existant entre les mêmes associés (3) ; 3° une seule action *empti* dans le cas prévu par Ulpien, dans la loi 10, Dig. *de act. empt. et vend.* (19, 1), ainsi conçue : *Non est novum ut duæ obligationes in ejusdem persona de eadem re concurrant ; quum enim is, qui venditorem obligatum habebat, ei, qui eundem venditorem obligatum habebat, heres exstiterit, constat, duas esse actiones in ejusdem persona concurrentes, propriam et hereditariam,*

(1) L. 3, § 2, *de alien. jud.* (4, 7).

(2) L. 7, Dig., *de alienat. jud. mutand. caus. fact.*, (4, 7) : *Quia pertinet quidem ad rei persecutionem, videtur autem ex delicto dari.*; cf., l. 4, § ult., l. 8, 0, eod. tit.; l. 42, 1. 82, Dig., *de rei vind.* (6, 1).

(3) *Conférences* de M. G. Humbert, sur le titre du Dig. *pro socio.*

*et debere heredem institutum , si velit separatim duarum actionum commodo uti , ante aditam hereditatem proprium venditorem convenire, deinde adita hereditate, hereditarium ; quod si prius adierit hereditatem , unam quidem actionem movere potest , sed ita , ut per eam utriusque contractus sentiat commodum.*

Ajoutons-y encore une série de cas de revendication de plusieurs objets au moyen d'une seule formule (1).

Ces particularités s'expliquent très-bien par la nature spéciale des actions *familiæ erciscundæ, pro socio* et par l'identité de personnes , d'objet et d'obligation dans l'espèce prévue par Ulpien. Empressons-nous de dire que ces dérogations ont été introduites à une époque où le sentiment des anciennes formes avait beaucoup perdu de sa vivacité.

## CHAPITRE PREMIER.

### Comparaison des principes de l'ancien Droit romain et du Droit romain classique dans l'organisation de la procédure.

Si on voulait arriver à l'application rationnelle du principe que chaque question ferait l'objet d'un procès séparé, on devait le faire valoir indistinctement pour les deux parties en litige. A quoi aurait servi d'éviter le danger dérivant de l'accumulation des questions de la part du demandeur si on les avait laissé se produire librement de la part du défendeur? L'intérêt bien entendu du premier l'engage déjà à simplifier l'expression de ses prétentions, tandis que le défendeur sera plus ou moins porté à produire dans le procès toutes sortes de questions de chicane qui seront autant d'obstacles à la vérification du droit allégué par le demandeur.

D'un autre côté, comment peut-on limiter raisonnablement le

(1) L. 7 , 21 , § 2, *de except. rei jud .* ( 11,2 ) ; l. 6 , Dig., *de rei vend.* (6, 1); Goeppert, *Ueber einheitliche, zusammengesetzte und Gesammtsachen*, Halle, 1871, pag. 101 , cité par M. Jhering, *Geist des roemischen Rechts* , 3e partie, p. 31. Leipzig , 1871.

défendeur dans le choix et le nombre de ses moyens de défense ? La position des deux parties serait alors inégale. Le demandeur a pris l'initiative, il a pu choisir son temps pour préparer son attaque et rassembler ses moyens de preuve, tandis que la position du défendeur se trouve diamétralement opposée ; lui imposer des restrictions semblerait donner à l'attaque un avantage injuste sur la défense.

Ne nous laissons pas tromper par ces apparences. Il ne s'agit pas ici de restreindre le défendeur dans l'emploi de ses moyens de défense, mais seulement de lui indiquer la forme qu'il devra employer. Cette forme se présentait dans l'ancien Droit romain de deux manières différentes : le défendeur devait nier directement la prétention du demandeur, et cette négation arrêtait celui-ci jusqu'à ce que le juge eût prononcé sa sentence ; ou bien se laisser condamner et intenter ensuite une nouvelle action en répétition de ce qu'il avait été obligé de consentir au demandeur, dans le premier procès.

Cette manière de procéder paraît avoir quelque chose de singulier ; pourquoi, en effet, accorder au défendeur un moyen qui ne lui a pas été utile en temps opportun ? Pourquoi intenter un nouveau procès, dans le seul but de rendre le jugement du premier, inutile ?

Les jurisconsultes romains avaient cherché la raison de décider dans ce principe si clairement exprimé par Sénèque : *Satius erat a paucis etiam justam excusationem non accipi, quam ab omnibus aliquam tentari.*

La possibilité pour le défendeur de présenter toutes sortes de raisons, de traîner le procès en longueur, de présenter des faux-fuyants dont l'examen entraînerait des dépenses de temps et d'argent, avait paru un mal plus grand que la nécessité d'intenter une deuxième action. Cette division des questions connexes n'était pas sans avantage ; elle s'adaptait à la simplicité de la procédure et empêchait la multiplication des chicanes ; car tel défendeur qui n'aurait pas hésité à présenter un moyen de défense mal fondé sous forme d'exception, y regardera à deux fois avant d'intenter une contre-demande séparée.

L'application de ce principe doit être justement limitée si on veut éviter les conséquences les plus absurdes à l'encontre du défendeur. Il fallait se tenir également éloigné des deux extrêmes, ne pas trop favoriser la position d'une partie sous le prétexte d'empêcher les empiétements illégitimes de l'autre.

Examinons comment le Droit romain a essayé d'atteindre ce but.

Dans une action dérivant d'un contrat synallagmatique duquel naissent pour les deux contractants des droits et des obligations réciproques, le seul fait que le demandeur pose clairement sa question ne peut avoir pour conséquence de forcer le défendeur, s'il n'était pas en état de présenter immédiatement ses prétentions contraires, de recourir à une action séparée pour faire reconnaître son droit qu'il n'a pu prouver dans un premier procès. Car ici, demande et contredemande sont connexes, dépendantes l'une de l'autre, et l'arrêt qui aura lieu au profit du défendeur égalera l'avance gagnée par l'offensive du demandeur qui a fait avant le procès ce que le défendeur est obligé de faire pendant. Telle a toujours été la doctrine romaine, dès que les contrats synallagmatiques furent, comme tels, revêtus d'action.

Il en était autrement lorsque les parties donnaient à leurs conventions la forme de contrats unilatéraux (stipulations), comme cela devait avoir nécessairement lieu avant l'introduction des contrats de bonne foi, et comme cela se pratiqua encore longtemps dans la suite.

Si deux stipulations sont intervenues, chaque obligation qui en dérive vit de son existence propre et indépendante ; il est alors conforme à la volonté des parties que l'une ne puisse être entravée par l'autre dans la poursuite juridique qui sera la conséquence des droits qui compètent à chacune d'elles ; si elles avaient voulu le contraire, elles auraient donné à leurs stipulations une forme conditionnelle.

Plus tard, le Droit romain dérogea complétement à ces principes, de sorte qu'il ne fut plus possible de donner à une convention une forme strictement unilatérale. Ce changement fut consacré par ce nouveau principe : *Cui damus actionem, eidem et exceptionem competere multo magis quis dixerit* (1). La plus

_____

(1) L. 156, § 1, Dig., de reg. jur. (50, 17).

remarquable application de cette règle fut l'admission plus ou moins illimitée de l'exception de compensation par laquelle on ne fit que consacrer une inégalité dans la position du demandeur, vis-à-vis du défendeur, sous le prétexte de faire triompher les idées d'équité, *l'æquitas compensationis* (1). En matière de possession, au contraire, le Droit romain a toujours appliqué les anciennes règles ; dans les actions possessoires, en effet, il ne fut jamais permis d'alléguer un droit d'exception : la défense, comme la demande, devait se rapporter directement au fait même de la possession contestée.

Notre Droit commercial moderne a corrigé ce défaut du Droit romain postérieur, au moyen des lettres de change et de la procédure sommaire qui garantit l'obligation indépendante représentée par le papier. Il faut voir là une individualisation de l'obligation du tireur et des endosseurs, analogue, quant à l'indépendance de son existence, à l'obligation dérivant d'une stipulation.

Il est donc certain que l'admission illimitée de tous les moyens de défense, quels qu'ils soient, serait contraire à l'équité par laquelle on ne mesure pas seulement ce qui doit être accordé, mais encore le temps où la prestation doit avoir lieu. C'est bien là l'idée contenue dans ces paroles de Gaius : *non solum autem in quantitatem, sed etiam in tempore minus et plus intelligitur ; plus est enim statim aliquid dare, minus est post tempus* (2) ; ce qu'Ulpien traduit par ces mots : *prætor fraudem intelligit etiam in tempore fieri* (3). Le rôle de l'équité dans la procédure consiste à éviter tous ces inconvénients. C'est sur ces principes que reposait l'admission du *juramentum in litem*, la prononciation d'une amende contre ceux qui niaient l'existence de certaines dettes, etc. De pareilles décisions avaient pour but d'indemniser le demandeur du dommage que les allégations déloyales du défendeur lui avait causé. Nous verrons comment l'ancienne procédure romaine a tenu compte de ces idées.

C'est ici le moment de se demander quelles sont les considéra-

(1) L. 18, pr, Dig., *de compens* (16, 2).
(2) Gaius, III, 113.
(3) l. 10, § 12, *in fine*, Dig., *quæ in fraud. cred.* (42, 8).

tions qui ont fait classer les moyens de défense dans une catégorie plutôt que dans une autre, pourquoi telle objection a pu
servir de base, soit à une négation directe, soit à une exception,
tandis que telle autre n'a pu être présentée qu'en faisant l'objet
d'une contredemande séparée ?

Un coup d'œil dans le système des condictions en Droit romain
nous facilitera la réponse à cette question, dont la solution
dépend très-souvent de raisons purement historiques. Nous verrons comment un droit n'a pu devenir originairement un moyen
d'exception qu'après avoir été d'abord, dans l'ancien Droit, un
moyen d'action. Nous examinerons dans l'exposition qui va suivre
les analogies et les différences des deux systèmes de procédure,
comment l'un et l'autre ont observé le principe d'unité de question dans chaque action et les dérogations que le Droit prétorien y
apporta par l'introduction de l'exception.

On sait que les actions se distinguent en *in jus* et *in factum*
selon que l'*intentio* pose au juge la question de savoir s'il résulte
des faits prouvés par le demandeur, qu'il est créancier ou propriétaire, ou selon que l'*intentio* laisse simplement au juge le soin
de vérifier les faits allégués par le demandeur. Ce n'est pas qu'il
n'y ait une question de Droit dans les actions *in factum*, mais elle
a été résolue à l'avance par le Préteur, et le juge n'a plus qu'à
faire l'application dans la *condemnatio;* aussi est-ce par l'*actio in
factum* que le Préteur a pu étendre le Droit civil.

## CHAPITRE II

### Comparaison des actions civiles *in jus conceptæ* et des actions *in factum*.

Devant l'affirmation du demandeur, le défendeur doit choisir
entre un aveu ou une négation catégorique. S'il dit oui, il est
condamné; s'il dit non, le procès suit son cours et la présentation
des preuves commence. Si la prétention du demandeur est ainsi

conçue que le défendeur ne puisse y obtempérer que sous telles conditions ou restrictions, celui-ci peut s'en tenir hardiment à une négative directe, avec la certitude que son adversaire sera repoussé ; le juge ne pouvant reconnaître la vérité absolue de la demande, si la moindre inexactitude s'y trouve contenue, qui suffirait pour faire perdre tout le procès.

La portée de la négation se réglait d'après celle de l'affirmation, d'où il suit que, soit dans l'ancienne procédure, soit dans le système formulaire, la demande devait être conçue de façon que le défendeur pût nier directement le contenu de l'*intentio*. Si on avait, par exemple, adopté dans une formule la rédaction suivante : Aulus Agerius a prêté 100 fr. à Numerius Negidius, ce dernier aurait pu nier, mais non affirmer un autre fait, celui du payement ou tout autre qui n'aurait pas répondu directement à la question que le juge doit décider. On donnait une forme juridique à la prétention du demandeur en posant la question du *dare oportere*. Pour rendre la négation possible, on devait donc poser la question de l'existence actuelle du droit, et telle est la forme des anciennes actions romaines que les jurisconsultes appellent *in jus conceptæ*.

Ces actions sont caractérisées par le verbe de la formule toujours placé au *présent de l'infinitif*. Les actions *in rem*, comme pour désigner le caractère absolu du droit qui leur sert de base, posent la question de droit par le verbe *esse* ; *rem, hereditatem meam esse, jus utendi, eundi mihi esse, tibi non esse*. Les actions *in personam*, par une fine distinction de l'obligation dont elles affirment l'existence, emploient le verbe *oportere, dare, pro fure damnum decidere oportere*.

L'expression *jus* avait en Droit romain une signification technique et historique ; on n'appelait actions *in jus*, que celles qui tiraient leur origine du Droit civil proprement dit, du droit de la cité, par opposition au Droit étranger. Quand le Préteur introduisit des actions nouvelles, il ne put leur donner une qualification exclusivement réservée, dans la terminologie juridique traditionnelle, à un ordre d'idées dans lequel il se gardait d'apporter directement la moindre modification. Il arriva pourtant au même résultat pratique par l'institution des actions *in factum*.

La question de la formule visait un fait sur lequel s'appuyait la

— 11 —

prétention du demandeur et, comme ce fait appartenait en règle générale au domaine du passé, le verbe de la formule était placé au *parfait de l'infinitif : Aulum Agerium apud Numerium Negidium mensam deposuisse, convenisse inter A^{um} et N^{um} ut res pignoris nomine obligata esset, — patronum in jus vocatum esse* (1). On employait naturellement le présent dans le cas où l'action dépendait d'un fait actuel comme dans l'interdit *uti possidetis.*

Les actions *in factum* contenaient deux questions, l'une dans l'intérêt du demandeur, l'autre en faveur du défendeur : Exemples : 1° *Judex esto : si paret, Aulum Agerium apud Numerium Negidium mensam argenteam deposuisse* (contient la base de la demande), *eamque dolo malo Numerii Negidii A° A° redditam non esse* (contient la base de la défense). 2° Prenons la formule de l'action hypothécaire : *Judex esto. Si paret, fundum Cornelianum, q. d. a., ab eo, cujus in bonis tum fuit, ob pecuniam promissam A° A° hypothecæ datum* (énoncé de la prétention du demandeur), *eamque pecuniam neque solutam, neque eo nomine satisfactum esse : neque per A^m stetisse quominus solveretur satisrefieret* (supposition d'un moyen de défense affirmatif) ; l'exception prétorienne serait ainsi conçue : *si non voluntate creditoris vœniit* (2).

Les différences entre les actions *in factum* et *in jus* établies, examinons qu'elle était la sphère d'action que ces dernières laissaient au rôle de la défense.

On pourrait penser tout d'abord que les anciennes actions romaines conçues *in jus* gênaient beaucoup l'exercice du droit de défense, puisque ce droit devait être toujours conçu sous la forme d'une négation. On est parti de là pour faire à l'ancienne procédure civile romaine, le reproche d'être étroite, rigide et formaliste. Il y a dans ces accusations une exagération manifeste. De ce qu'on n'avait pas encore reconnu la nécessité de protéger les intérêts du fils de famille au moyen du sénatus-consulte Macédonien, admis la *restitutio in integrum* de la femme, par le sénatus-consulte Velléien, de ce que l'exception *doli mali, metus*, ne compétaient pas aux victimes du dol, de la ruse ou de la violence, faut-

(1) Gaius. iv, 46, 47.
(2) l. 8, § 9, Dig., quib. mod. pign. (20.6.

il en accuser les défauts de la procédure ? Évidemment non. Si on avait voulu introduire ces moyens de défense, les jurisconsultes romains n'auraient pas été embarrassés pour le revêtir d'une forme civile : on aurait pu, en effet, les considérer comme des moyens de nullité servant de base à une négation directe. Si le Droit prétorien ne put marcher dans cette voie, le motif en est historique et nous l'avons indiqué dans le caractère technique et immuable que les Romains attribuèrent à leur Droit civil.

Si nous comparons le rôle de la négation directe comme moyen de défense avec l'exception, nous n'aurons pas de peine à prouver que cette dernière institution ne l'emporte pas de beaucoup sur la première qui, d'ailleurs, produit des effets en tous points analogues à ceux de l'exception.

Les diverses causes qui peuvent donner naissance à une exception se correspondent symétriquement pour produire une défense directe.

1° L'invocation d'un *vice* dans la naissance du droit du demandeur prend la forme d'une exception : telle est l'exception *S. C. Macedoniani*, *Velleiani*, *doli*, *metus*, l'invocation d'une *nullité* originaire se fait simplement au moyen d'une négation directe : tels sont les effets de la non observation des formes légales, par exemple, la prétérition d'un *suus* dans un testament, etc,

2° Certains événements postérieurs à la conclusion d'un contrat, sans entraîner l'extinction du droit lui-même restreignent son efficacité ; ils servent de fondement à une exception qui le débilitent, exemple : prescription du droit d'action, *exceptio pacti de non petendo*. A ces raisons correspondent dans le système de défense directe les causes qui éteignent le droit *ipso jure* postérieurement à sa naissance ; exemple, extinction du droit de propriété du demandeur en vertu de l'usucapion accomplie au profit du défendeur, allégation d'un simple pacte dans les actions *furti*, *injuriarum*, ou du payement, etc.

3° L'exception pouvait enfin être basée sur un droit indépendant du défendeur en rapport avec la prétention du demandeur ; elle nous représente le conflit entre deux prétentions qui se limitent et se paralysent réciproquement ; exemple : exception de compensation, de rétention, *rei venditæ et traditæ*. La négation directe nous offre des points de rapprochement même dans ce cas, et nous allons voir comment les Romains étaient parvenus à faire valoir des droits indépendants même sous la forme d'une négation directe. Ils sont arrivés à ce résultat de plusieurs manières ; *a*). Il était des cas où le droit civil permettait au défendeur de nier *in jure* l'existence du droit du demandeur en se réservant de prouver *in judicio* son propre droit excluant ou annihilant celui de son adversaire ; *b*). Le demandeur pouvait être forcé de modifier son attaque selon le mode de défense adopté par le défendeur ; *c* ) par la substitution forcée d'une nouvelle formule d'action dans l'intérêt du défendeur lui-même ; *d*), par l'institution des *judicia duplicia*.

## CHAPITRE III.

### Moyens employés par l'*ipsum jus* pour protéger les droits indépendants du défendeur.

A l'origine de toutes les législations, la Procédure et le Droit positif sont si intimement unis, qu'il est impossible de les distinguer l'un de l'autre ; la forme influe sur le fond et l'absorbe, mais peu à peu le Droit et la Procédure se séparent comme d'eux-mêmes, et se rendent presque totalement indépendants l'un de l'autre ; il en fut ainsi pour la procédure romaine dans ses rapports avec le Droit civil. C'est à l'aide de cette considération que nous expliquerons la raison d'être de certaines décisions du Droit civil qui ne doivent leur existence qu'à des nécessités de la Procédure. L'examen de ces divers points formera l'objet de la section suivante :

### PREMIÈRE SECTION.

#### Règles du Droit civil établies principalement dans le but de faciliter au défendeur la présentation d'une négation directe dans un procès.

C'est à cet ordre d'idées que se rapporte la règle d'après laquelle il n'était pas possible d'acheter sa propre chose, de la prendre à

titre de louage, de gage, de précaire ou de dépôt (1). Le but primitif de cette décision était très-vraisemblement de permettre au véritable propriétaire qui, dans l'ignorance de sa propriété, avait conclu
un des contrats susnommés, d'invoquer son droit et de repousser
ainsi le prétendu vendeur ou bailleur qui aurait intenté une action
en reddition de la chose, ou en paiement du prix de vente ou de
louage. L'allégation du droit de propriété aurait été impossible
sans cela ; car, dans un procès relatif à une obligation ou à la
possession, il ne pouvait être directement question de propriété.
On fut donc obligé d'introduire un moyen de nullité.

L'ancien Droit cherchait ainsi à tenir compte d'une erreur es-
sentielle qui forme la condition tacitement supposée dans les
exemples cités ci-dessus. Cette même considération ne nous
paraît pas non plus étrangère à l'influence que la prétérition d'un
*suus* exerçait sur la validité d'un testament. On pouvait supposer
en effet que si le testateur avait connu l'existence de ce *suus*, il
aurait pu l'exhéréder, et que s'il n'en a pas fait mention, c'est
qu'il est probable qu'il ne savait pas qu'il existât (2). La nécessité
pour le testateur d'être propriétaire de l'objet qu'il lègue *per rin-
dicationem* repose sur le même principe.

Il parut équitable aux anciens jurisconsultes d'accorder au mari
un droit de rétention pour se rembourser de toutes les dépenses
nécessaires qu'il avait faites sur la dot, lorsqu'à la dissolution du
mariage, il était obligé de la restituer. Comme la question de ces
dépenses ne pouvait être soulevée directement, on tourna la difficulté en disant que l'obligation active de la femme s'était dimi-
nuée *ipso jure* d'une somme égale au montant de la contredemande qu'aurait dû intenter le mari. De cette manière, la créance
du mari n'avait pas besoin de paraître sous une forme de procédure,
tout en produisant son effet sur la créance de la femme demanderesse. Tel est, selon nous, la raison primitive de cette règle du

(1) L. 18, pr. Dig., *de reg. jur.* (50, 17) : *neque pignus, neque depositum,
neque precarium, neque emptio, neque locatio rei suæ consistere potest.*

(2) La raison tirée de la co-propriété du domaine de la famille, entre le
*pater familias* et les *heredes sui*, peut très-bien s'accorder avec l'explication que
nous donnons dans le texte (V. Cours de M. Humbert *sur le Testament*).

Droit romain : *Impensæ necessariæ dotem ipso jure minuunt* (1).

Nous ne savons pas comment ce droit de rétention fut introduit dans la procédure. A l'époque où les actions purent se présenter avec une *intentio incerta*, la chose n'offrait plus aucune difficulté : la femme, munie de l'action *rei uxoriæ* demandait simplement : *quantum æquius melius sit dari ;* l'expression *quantum* indiquait à elle seule la réduction que le mari était en droit d'exiger. Mais dans le temps où il n'y avait pas d'action dotale proprement dite, la dot ne pouvait être redemandée qu'en vertu de stipulations conclues pour en assurer la restitution, *cautiones rei uxoriæ.* L'action devait spécifier exactement l'objet dotal soit en nature, soit en argent, selon les circonstances (2).

Faudra-t-il dire que la femme divorcée, pour ne pas s'exposer à une *plus petitio* qui entraînerait la perte de tout son procès, devait soustraire de sa demande le montant de la créance maritale à un sesterce près ? Ce serait lui demander une impossibilité. D'un autre côté, elle ne pouvait s'en rapporter à l'affirmation de son mari. Elle devait alors recourir à une action préjudicielle : *præjudicialibus formulis qualis est qua quæritur...* QUANTA DOS SIT (3).

Il y a une autre manière d'expliquer le *præjudicium quanta dos sit.* Ce serait, au contraire, le mari qui serait demandeur dans ce *præjudicium*, à l'effet de savoir sur quel pied doivent être prises les dépenses du ménage lorsque la quantité de la dot doit être fixée après le mariage, *boni viri arbitratu.*

On pourrait objecter à notre manière de voir, que le *præjudicium quanta dos sit* est mentionné dans les Instituts de Gaius, et que la compensation *ex dispari causa* était admise, *ipso jure*, dans

(1) L. 5, § 2 Dig. *de pact. dot.* (23, 4) ; L. 5 Dig. *de imp.* (25, 1). Cette ingénieuse explication a été présentée pour la première fois par M. R. Jhering, conseiller aulique de l'empire autrichien, professeur ordinaire à l'Université de Vienne, dans son magnifique ouvrage sur l'*Esprit du Droit romain.*

(2) Aulu Gelle, *Nuits attiques*, IV, 3.

(3) Gaius IV, 44. — On décidait de même que pour la dot et pour des raisons analogues, que les legs seraient diminués *ipso jure* jusqu'à concurrence du montant nécessaire pour parfaire la *quarte falcidie* : L. 73, § 5, Dig., *ad leg. falc.* (35, 2).

les actions *bonæ fidei*, puisque l'exception de dol y était sous-entendue ; mais cette objection tombe devant cette considération que Gaius n'admet la compensation dans les actions *bonæ fidei* que *ex eadem causa* (Gaius IV, 61, 62, 63), quoique l'édit de Marc-Aurèle ait admis la compensation *ex dispari causa*, dans les actions *stricti juris*, par le moyen de l'exception de dol. Les Instituts de Gaius étaient donc écrites avant cet édit.

Nous trouvons une autre application d'une diminution de créance *ipso jure* dans l'institution du pécule.

Le Droit prétorien admettait la possibilité d'un lien d'obligation contre le *paterfamilias*, à raison des contrats faits par les person-nes qu'il avait sous sa puissance, si celles-ci se trouvaient en possession d'un pécule. Qu'un tiers intentât une action de *peculio* contre le maître, ou que, pour toute autre raison, ce dernier fût forcé de livrer ledit pécule, il avait le droit de rete-nir ses propres créances. Cette rétention se produisait par une diminution *ipso jure* des créances des tiers créanciers jusqu'à con-currence du montant des créances du maître (1).

Si, dans ce cas, l'action intentée était personnelle, la question était assez simple : le demandeur présentait le montant de ses créan-ces sans se préoccuper du montant du pécule : *intenditur enim recte, etiamsi nihil sit in peculio* (2), et il n'avait pas besoin d'une action préjudicielle pour faire fixer le montant de la réduction qu'il devait subir. Ce point était résolu dans la condamnation.

La question était bien plus compliquée si l'action était réelle, si, par exemple, le maître avait légué le pécule à l'esclave ou à toute autre personne au moyen d'un legs *per vindicationem*. Le légataire ne pouvait pas exiger ici le montant du pécule en général ; il était forcé de revendiquer chaque objet en particulier : *singulas res petet* (3). Cependant, le légataire ne pouvait déduire de la revendi-cation d'une chose le montant d'une créance qui compète à l'hé-ritier : *etenim absurdum est diminutionem corporis fieri propter*

(1) L. 30, pr. Dig. de act. empt. (19, 1)... *ipso jure... minutum esse peculium;* l. 11, § 7, Dig. de peculio (15, 1)... *non est in peculio quod dominus debetur.*
(2) L. 30, pr. Dig. eo.l. tit. (15, 1).
(3) L. 30, Dig. de rei. vin l. (6, 1).

*pecuniam* (1). A la prétention du demandeur : cette chose est à moi, le défendeur ne pouvait répondre : j'ai une créance contre vous. Pour tourner cette difficulté, les jurisconsultes romains décidèrent, dans notre espèce, que le droit de créance de l'héritier sur le pécule se transformerait en un droit de propriété sur chaque objet particulier. Ainsi, les deux facteurs de la soustraction à opérer devenaient de même nature ; le droit du demandeur était diminué, *ipso jure*, et le droit du défendeur pouvait être opposé sous la forme d'une négation directe : tel est le sens de ces mots : *singula corpora pro rata dominii debebunt* (2).

Le demandeur va donc se trouver ici dans le même embarras que la femme pour la répétition de sa dot ; il doit pour ne pas s'exposer au danger de la *plus petitio*, intenter son action, soustraction faite de la part du défendeur. Comment pourra-t-il procéder à cette opération puisqu'il ne connait pas le montant exact du droit réel de ce dernier ? Les jurisconsultes décidaient que le légataire avait le choix entre deux moyens ; entre l'action *communi dividundo* et la *rindicatio incertæ partis* (3).

Dans tous ces divers cas que nous venons de mentionner, nous remarquons ce trait commun très-important à noter, c'est que le défendeur oppose au demandeur un droit indépendant, sans que ce droit apparaisse le moins du monde dans la procédure et sans que la formule d'action subisse aucune modification ; l'objection se révèle purement sous la forme d'une simple négation. Ceci nous servira à définir les éléments essentiels à l'exception dans l'exposition du système formulaire.

Cette influence de la procédure sur le droit positif forme un des traits les plus caractérisques du développement du Droit romain.

Poursuivons les conséquences de cette idée dans l'exemple suivant.

Une des conditions de la validité du *mutuum* consiste dans la

---

(1) L. 3, pr. Dig., *de impensis* 25, 1 ; loi 26, § 4, Dig. *de cont. int.* (12, 6), *non fit confusio partis rei cum pecunia.*

(2) L. 6, pr. Dig. *de pec., leg.* (33, 8 ; l. 8, pr. ibid.

(3) L. 8, § 1, Dig. *comm. dirid.* 10, 3 ; l. 76, § 1, Dig. *de rei vind.* (6, 1).

nécessité pour le *tradens* d'être propriétaire à la chose livrée : *in mutui datione oportet dominum esse dantem* (1).

Quelle était la raison de cette décision ? On ne peut en donner d'autre, si ce n'est que les Romains ont voulu donner à l'*accipiens* un moyen *ipso jure* pour repousser l'action du *tradens* , s'il peut prétendre que l'objet remis en vertu du *mutuum* n'est pas entré dans son patrimoine et qu'il en a été évincé par un tiers ; car il est probable (2), que les jurisconsultes n'ont pas voulu dire que le demandeur dans l'action *ex mutuo* serait obligé de prouver la propriété des écus qu'il a livrés.

Sans l'existence de cette règle, l'*accipiens* aurait dû présenter sa défense en forme d'exception prétorienne , moyen qui, dans l'ancien Droit, n'était certainement pas encore à sa disposition. De telles décisions, sous la forme d'un principe du droit positif, contenaient implicitement la matière dont se servit plus tard le Préteur, pour introduire ses exceptions.

La nécessité pour le testateur d'être propriétaire de la chose qu'il lègue *per vindicationem* avait , nous l'avons déjà dit , la même signification et donnait le même résultat (3). Faire incomber la preuve de cette propriété au légataire aurait eu pour effet absurde de renverser les rapports rationnels qui doivent exister

(1) l. 2 , § 1 , Dig. *de reb. cred.* (12,1).

(2) Nous disons probable, parce qu'on a soutenu que le demandeur dans l'action *mutui* devait prouver qu'il avait la propriété de la chose prêtée. On a voulu expliquer ainsi pourquoi les Romains transformaient dans la pratique le *mutuum* en stipulation.

Le demandeur n'aurait eu, dit-on, alors à prouver que deux choses : la stipulation et la numération des espèces pour éviter l'exception *non numeratæ pecuniæ*. Mais ce n'est là qu'une conjecture, car les habitudes romaines , la stipulation qui remplissait chez eux le rôle que remplissent chez nous les actes écrits, la nécessité d'ajouter un terme sous peine de rendre le *mutuum* inutile, enfin la créance d'intérêts, tout cela explique suffisamment pourquoi le *mutuum* était tourné en stipulation et absorbé dans elle.

(3) Gaius II. 196 ; Ulp. xxiv. 7.

La même idée s'applique à l'interprétation de Gaius II , 196 et 223. Pour l'exposition d'un plus grand nombre d'exemples voir : Jhering. *loc. cit.* § 52 pag. 77 et suiv.

entre un légataire et l'héritier, les documents constatant la propriété de l'objet légué se trouvant en règle générale , entre les
mains de ce dernier. Aussi Quintilien s'exprimait-il ainsi : *Satis
est dixisse... legatum peto ex testamento ; diversæ partis expositio
est cur non debeatur.* On évitait ainsi l'emploi de l'exception proprement dite.

## DEUXIÈME SECTION

### Actions contenant la reconnaissance préalable du droit du défendeur.

Gaius nous indique deux cas dans lesquels le demandeur en
intentant son action est obligé de faire cette reconnaissance : ce
sont les actions de l'*argentarius* et du *bonorum emptor* (1). *L'argen-*
*tarius* est forcé , *cogitur*, selon l'expression du jurisconsulte , *cum*
*compensatione agere ;* le *bonorum emptor jubetur cum deductione*
*agere*.

Cette dernière, quoique selon Gaius d'origine prétorienne, a été
instituée exactement d'après les principes de l'ancienne procédure.

Nous ne nous occupons pas ici des différences qui les distinguent ; elles se trouvent très-bien exposées dans le texte même de
Gaius. Il nous importe plutôt d'examiner leur point de ressem-
blance , c'est-à-dire comment elles permettent au défendeur de
faire valoir le droit indépendant qui lui compète. A la différence
de ce qui a lieu pour la dot et le pécule, la soustraction
de la dette du défendeur apparait formellement dans la procédure : SI PARET TITIUM SIBI X. MILIA DARE OPORTERE AMPLIUS
QUAM IPSE TITIO DEBET. L'*Argentarius* doit donc compter sa dette
envers le défendeur et le montant de sa propre créance , à un
sesterce près, s'il ne veut courir le risque de perdre tout le procès.
On peut exiger de lui la plus grande exactitude , car c'est son
affaire de bien tenir ses livres de compte, étant d'ailleurs payé
pour cela, et de plus il ne doit compenser que les dettes de
pareille espèce.

(1) Gaius iv. 61-68.

Pour le *bonorum emptor*, au contraire, une telle sévérité dans la présentation des comptes n'était pas possible. La question relative au droit indépendant n'apparaît que comme une modalité qui affecte le quantum de la dette du défendeur; en d'autres termes : Primus étant *bonorum emptor* réclame contre Secundus la somme de 100 , alors que ce dernier est à son tour créancier de 80 , le procès n'aura pas lieu sur deux obligations, l'une de 100 et l'autre de 80, mais sur une seule de 20 : *ab initio compensatione facta minus intendit sibi dari oportere.*

Ces cas n'étaient probablement pas les seuls où l'on tournât la difficulté de l'emploi de l'exception dans les actions *in personam.* Nous citerons un autre exemple dans le conflit de deux actions réelles où le droit de propriété se trouve opposé au droit d'usufruit.

Admettons le cas où un testateur a légué à sa veuve l'usufruit de sa maison et à une autre personne la nu-propriété. La validité de ce legs venant à être mise en question, le nu-propriétaire veut porter la décision de la question devant le juge. Il pourra intenter la revendication contre la femme comme il le ferait contre les autres tiers, seulement tandis qu'il omettrait sans danger la mention de la modalité de l'usufruit qui affecte l'immeuble vis-à-vis de ces derniers, il ne le pourra également vis-à-vis de la femme , ayant dirigé son action contre la personne à laquelle compète précisément ce droit d'usufruit. Le moyen de protection de la défenderesse, dans son droit indépendant, se trouvait dans la mention forcée de la déduction de l'usufruit, *deducto usufructu* , au moyen d'une formule analogue à celle de la *cessio in jure* : *aio hunc fundum meum esse , deducto usufructu.* (1).

On ne pourrait pas nous objecter que l'exception *rei usufructus nomine traditæ* eût trouvé son application dans notre espèce ; car cette exception s'applique d'une manière analogue à l'exception *rei venditæ et traditæ,* au cas ou le Droit contesté n'a pas été réellement établi, mais où la chose a été seulement livrée dans ce but, *tradita.* En un mot, cette exception concernait l'*usufructus traditus,* qui n'était pas considéré comme existant *ipso jure* (2).

(1) Fr. vat. § 313 ; l. 36,§ 1 , l. 51. Dig. *de usufr.* (7,1.)
(2) Comp. la l. 16 , Dig. *si servit.* (8, 5).

## TROISIÈME SECTION

### Substitution forcée d'une nouvelle formule d'action.

Nous venons de voir deux actions dans lesquelles le demandeur était obligé d'introduire dans sa formule une réserve en faveur du défendeur. Le Droit civil va encore plus loin et oblige quelquefois le demandeur à abandonner la formule qu'il avait l'intention de présenter pour s'en laisser donner une autre qui permette au *reus* de présenter utilement ses moyens de défense.

Cette obligation est un complément nécessaire de l'ancienne procédure tout aussi indispensable pour le défendeur que, dans certains cas, l'action préjudicielle pour le demandeur.

Prenons pour exemple un conflit entre le droit d'usufruit et de nu-propriété.

Supposons que le nu-propriétaire intente la revendication pure et simple, et que l'usufruitier veuille invoquer son droit d'usufruit. Si le juge devait répondre à la question ordinaire de l'action en revendication : *Si paret rem actoris esse*, il n'aurait pas été compétent pour écouter la raison du défenseur, s'en référant à son droit d'usufruit, car ce droit ne contient pas la négation du droit de propriété, pas même pour une partie : *Recte dicimus eum fundum totum nostrum esse, etiam quum ususfructus alienus est, quia ususfructus non dominii pars sed servitutis sit* (1). D'un autre côté, on ne pouvait soustraire l'usufruit, car c'était son existence même qui était en question. La difficulté fut tournée par l'introduction de l'action *negatoria*.

Le demandeur soutient vis-à-vis du défendeur : *Jus tibi non esse me invito utendi fruendi*; ce qui permet au défendeur d'opposer directement : *Jus mihi esse te invito utendi fruendi*. Le principe de la négation est ici fidèlement maintenu, et il n'y a de surprenant que l'application qui en est faite, parce qu'ainsi la forme logique sous laquelle les prétentions des parties se présentent or-

(1) L. 25, pr. Dig. *de verb. sig.* (50, 16).

dinairement, se trouve radicalement renversée ; le défendeur emploie la forme affirmative et le demandeur la forme négative. La prétention de ce dernier réside essentiellement dans ces mots : *me invito*, car le véritable propriétaire seul a le droit de défendre au prétendu usufruitier la jouissance de la chose. Cette mention était indispensable, car sans cela tout individu, aussi bien que le propriétaire, aurait pu, avec le même succès, intenter l'action négatoire, c'est-à-dire poser à l'usufruitier cette alternative, ou de prouver son droit, ou d'être dépossédé (1). La mention *te invito* n'était pas nécessaire dans l'action confessoire.

Un autre exemple plus frappant de la substitution forcée de la formule d'action se présente dans le cas où l'héritier vient sommer un détenteur d'un objet héréditaire d'avoir à rendre ledit objet. Deux moyens sont mis à sa disposition pour arriver à son but : la *rei vindicatio* et l'*hereditatis petitio ;* l'emploi de l'une ou de l'autre action ne dépend pas de sa volonté, mais uniquement de l'intérêt que pourra avoir le *reus* à recourir à tel ou tel mode de défense.

Le défendeur prétend-il retenir l'objet en qualité d'héritier, le demandeur sera forcé d'intenter l'*hereditatis petitio* (2), pour donner ainsi au défendeur la possibilité de présenter ses moyens sous forme de négation. Dans le cas contraire, c'est-à-dire si le défendeur prétend invoquer un droit de propriété indépendant, le demandeur devra recourir nécessairement à l'action en revendication.

Ces idées que nous venons de développer sur le changement forcé de la formule, selon l'intérêt du défendeur, ne seront probablement pas acceptées par tous ceux qui pensent que, du temps des actions de la loi, le procès proprement dit commençait immédiatement par la prononciation de la formule de la *legis actio.* Cette supposition est inadmissible.

(1) Ulpien, l. 5, pr. Dig. *si usufructus* (7,6). V. les essais de reconstruction de la formule de l'action négatoire dans le système des *legis actiones,* Keller, *Roem. Civil pr.,* § 18, et de la formule de l'action confessoire, Rudorff, *Rosmische Rechts Gesch,* p. 132.

(2) Dans la même hypothèse, le système formulaire employa la *præscriptio, quod præjudicium hereditati non fiat.*

De même que dans le système formulaire, il devait y avoir dans l'ancienne procédure des pourparlers plus ou moins longs qui précédaient la constitution et la fixation du litige en forme de *legis actio*, et dans lesquels les parties exposaient l'état de la question contestée. Cela ressort clairement de la formule de la revendication dans laquelle le demandeur se réfère à ses dires relatifs à la *causa* de sa prétendue propriété : *Meum esse aio secundum suam causam, sicut dixi* (1).

Le célèbre procès de Virginie nous fournit un exemple très-intéressant de la marche de la procédure dans l'ancien Droit. La cause commence par l'exposition des raisons pour lesquelles le demandeur revendique Virginie (2), et ce n'est qu'après de longs pourparlers entre les parties qu'on en arrive à la revendication solennelle proprement dite (3). Quoique nous n'ayons pas d'exemple analogue pour une action personnelle, nous ne voyons pas pourquoi cette procédure préliminaire, sans formalités, ne serait pas tout aussi bien à sa place dans cette classe d'actions que dans la *rei vindicatio*.

On pourrait peut-être objecter au système que nous défendons, que le rôle joué par le Préteur dans l'ancienne procédure ne s'accorde guère avec cette manière de procéder, qui semble avoir quelque chose de très-arbitraire. Cette immixtion du Préteur est-elle vraiment aussi arbitraire qu'elle le paraît? Laisse-t-on à la volonté personnelle du magistrat une sphère d'action plus large dans cette espèce d'*interrogatio in jure*, que dans toute autre partie du procès? Évidemment non. Si le défendeur oppose à la revendication une objection fondée sur son droit d'usufruit ou d'hérédité, il y a pour le Préteur une règle tout aussi absolue pour accorder une action négatoire ou une *petitio hereditatis*, au lieu de la *rei vindicatio*, que dans cette dernière action pour accorder les *vindiciæ*. Quand nous disons, le demandeur est obligé de se

---

(1) Gaius iv, 16, Valerius Probus, *de notis antiquis*, § 4. S. S. C. S. D. E. T. V. (I). *Secundum suam causam, sicuti dixi, esse tibi vindictam imposui*. Reconstruction de Huschke. *Jurisprul. antejustinian. Quæ supers.*, p. 69.

(2) Tite-Live iii, c. 44.

(3) Tite-Live iii, c. 46.

servir d'une autre formule d'action, cette obligation n'est autre que celle qu'il est forcé de subir dans le système formulaire, par l'introduction d'une exception en faveur du défendeur.

Il ne faut donc pas s'imaginer que dans l'ancien Droit, le demandeur se présentât devant le Préteur avec une formule de *legis actio* toute faite et non susceptible de modifications. On ne pourrait s'imaginer le fonctionnement pratique de l'ancienne procédure romaine, si on n'admettait pas ces discussions-préparatoires qui servaient à faire ressortir la nature de l'action à engager et à donner ainsi au procès sa forme et son caractère véritables.

### QUATRIÈME SECTION

#### Actions doubles, judicia duplicia.

Le Droit classique nous indique deux classes de *judicia duplicia* : les actions en partage et les interdits *retinendæ possessionis* (1), en faisant consister dans la qualité de demandeur et de défendeur attribuée a chacune des parties le caractère distinctif de ces actions (2); nous pourrions préciser davantage cette particularité, en disant que deux procès, concernant le même objet et les mêmes rapports juridiques entre les mêmes parties, jouant réciproquement les unes envers les autres le même rôle, sont au moyen de ces *judicia duplicia* réunis en un seul. Chaque partie en litige est demanderesse par rapport à sa prétention, et défenderesse pour ce qui est exigé d'elle (3).

L'action en revendication elle-même appartenait, dans l'ancienne procédure, à cette classe d'actions, en ce qui concerne du moins la nécessité pour les deux parties de présenter deux prétentions contraires et indépendantes dont la preuve incombe à cha-

---

(1) Gaius IV, 160 : *Par utriusque litigatoris in his con litio est, nec quisquam præcipue reus vel actor intelligitur.*

(2) L. 10, Dig. *fin. regund.* (10,1); l. 2, § 1, Dig. *Comm. div.* (10, 3); l. 37, § 1, Dig. *de Obl. et act.* (44, 7); l. 2, pr. Dig. *de interd.* (43, 1).

(3) L. 25, § 1, Dig. *de procural.* (3,3).

cune d'elles. Tandis que, dans un procès ordinaire, le défendeur n'avait besoin que de s'en tenir à une simple négation, il est forcé, dans l'action en revendication, de présenter et de prouver une affirmation. C'est bien, ce nous semble, le sentiment de cette ancienne tradition qui fait dire à Gaius : *cum ab utraque parte de proprietate alicujus rei controversia sit* (1).

Dans les *judicia simplicia*, le juge n'avait qualité que pour reconnaître l'existence ou la non-existence du droit du demandeur : dans les *judicia duplicia*, ses pouvoirs étaient plus étendus, et il avait qualité pour rendre une décision soit sur la prétention du demandeur, soit sur celle du défendeur.

Que devait décider le juge s'il reconnaissait qu'aucune des deux parties n'était fondée dans sa demande ? Il n'adjugeait le *sacramentum* ni à l'une ni à l'autre. Mais, nous pourrait-on objecter, la forme d'après laquelle devait être prononcée la sentence dans le système des *legis actiones* ne semble pas admettre cette hypothèse, puisque le juge doit dire : *sacramentum Titii justum* ou *injustum videri*. Si le demandeur et le défendeur n'étaient pas plus fondés dans leurs demandes l'un que l'autre, on prononcera un *sacramentum injustum* contre les deux. Cela est parfaitement logique, puisque chaque partie a joué le rôle de demandeur. L'*ærarium* encaissera, dans ce cas, le montant du *sacramentum*, et celui qui se trouve en possession y restera.

Dans un *judicium simplex*, la perte du *sacramentum* ne pouvait évidemment avoir lieu que pour une partie ; mais puisque dans un *judicium duplex*, les deux litigants pouvaient être repoussés chacun dans sa prétention, l'État était dans son droit en encaissant le montant des amendes.

La revendication remplace, dans l'ancien Droit, deux moyens d'action du Droit postérieur ; la *rei vindicatio* proprement dite et les interdits possessoires.

A quelles raisons faut-il attribuer ce développement singulier du procès en revendication dans l'ancien Droit ?

---

(1) Gaius, IV, 16 et 116 ; Plaute, Rudens, IV, 3, v. 88 : *Hunc meum esse dico* Trach : *et ego item esse aio meum*. Inst. Just., § 2, *de actionibus* (I, 6.) *et possessor dominum se esse dicat*.

Pour examiner ce point, qu'il nous soit permis de rechercher quel était le fonctionnement de la procédure romaine dans une affaire plus compliquée que celle de l'action en revendication d'une chose. Le procès de Virginie nous servira encore d'exemple.

Voici en abrégé le récit que Tite-Live nous a conservé de cette célèbre affaire qui, en comblant la mesure des tyrannies des décemvirs, précipita leur chute. —

Appius Claudius, décemvir, conçut une passion criminelle pour Virginie, fille de Lucius Virginius, centurion dans l'armée de l'Algide. Celui-ci l'avait promise en mariage à Lucius Icilius, ancien tribun du peuple. Appius Claudius, pour arriver à ses fins, chargea un de ses clients Marcus Claudius, de revendiquer Virginie pour son esclave. C'est ce qui eut lieu.

Le revendiquant ne trouve d'abord devant lui aucun adversaire juridique, mais seulement l'indignation des amis de la famille de Virginie qui le contraignent à aller devant le magistrat : *vocat puellam in jus*. Arrivés devant Appius, Marcus Claudius prétend que cette fille est née chez lui d'une de ses esclaves et donnée faussement à Virginius pour sa fille, et qu'il est prêt à prouver ses dires. Notons qu'il ne s'agit encore ici que de l'obtention des *vindiciæ* seulement. Les défenseurs de Virginie, alléguant que le père de la prétendue esclave est absent, demandent un délai en concluant à l'obtention des *vindiciæ secundum libertatem*.

Mais la réponse d'Appius était bien simple ; il est vrai que dans un procès en revendication de la liberté d'une personne on peut donner les *vindiciæ secundum libertatem*, mais le cas est bien différent ; il s'agit d'une personne qui, même de l'aveu des défenseurs, est *alieni juris*; aucun d'eux n'ayant le droit de la revendiquer, le père était le seul dont la possession pût prévaloir contre celle du maître.

Le père devait être cité à comparaître, mais dans l'intervalle le maître ne devait pas souffrir dans sa jouissance.

Le décemvir accorde les *vindiciæ secundum servitutem*. Intervient Icilius, le fiancé de Virginie, mais il ne peut rien que lancer de vaines protestations ; le licteur lui déclare que l'arrêt est rendu. Il ameute le peuple déjà excité par la partialité évidente d'Appius Claudius qui pour éviter une scène de violence, croit prudent de ne pas donner à son jugement, qui était l'instance préliminaire du procès, la force exécutoire en laissant la jeune fille en liberté provisoire jusqu'au lendemain et en imposant une caution pour Virginie. Les défenseurs de celle-ci se trouvent satisfait et vont annoncer ce qui se passe à Virginius qui vient en toute hâte et arrive devant le magistrat pour revendiquer sa fille. Alors s'élève un long débat dont l'issue fut encore contraire au père, en ce sens que le décemvir accorda les *vindiciæ secundum servitutem* à Marcus Claudius qui par ce fait aurait eu droit à la possession de la jeune fille jusqu'à ce que le procès définitif en forme de *legis actio* eût été définitivement décidé.

Ces préliminaires de procédure étaient relativement assez longs et permettaient de présenter les demandes et les défenses avec beaucoup de facilité.

On n'avait donc pas besoin d'un *præjudicium* pour savoir si la fille était réellement née du mariage de Virginius ou chez le client d'Appius, pour juger les deux questions qui se trouvaient en litige. Tout se faisait par un seul procès dans lequel chaque partie se trouvait à la fois demanderesse et défenderesse; et de là, ces expressions communes : *asserere in servitutem, asserere in libertatem, vindex libertatis.*

Par suite des rapports particuliers que créaient dans la famille romaine les droits de puissance paternelle et de puissance dominicale, il n'était pas rare de voir des conflits s'élever entre ces droits, à propos d'un même individu.

Peu importait si les droits de puissance invoqués indépendamment par chacune des parties étaient de nature différente, si le demandeur revendiquait Virginie, comme dans l'espèce citée comme son esclave, et le défenseur en vertu de sa puissance paternelle.

L'allégation du défenseur pouvait donc ne pas répondre directement à la question posée par le demandeur. Le premier pouvait dire : *Virginiam liberam esse*, et le second; *ancillam suam esse ex jure Quiritium.* Comme le père de Virginie n'était pas présent, Appius Claudius pouvait trouver un prétexte strictement légal pour refuser dans une première instance les *vindiciæ secundum liber-*

*latem*. Les défenseurs de la fille ayant eux-mêmes avoué qu'il s'agissait, dans l'espèce, d'un conflit entre la puissance dominicale et la puissance paternelle (1), et le père étant absent, le prétendu maître à droit aux *vindiciæ*. Pour cette dernière raison Appius Claudius cherchait à empêcher le retour du père de Virginie, quand celui-ci arrivant d'une façon inattendue vint déjouer ses plans. Ce fut alors seulement qu'il eut recours à un acte d'une illégalité manifeste.

Avant le procès que le père voulait intenter pour opposer à la puissance dominicale prétendue son propre droit de puissance paternelle, il en avait été déjà instruit un autre sur la question de l'esclavage ou de la liberté dans lequel tous les efforts des amis et parents de Virginie, étaient venus se heurter comme nous venons de le voir, contre le mauvais vouloir d'Appius Claudius.

Tel était le mécanisme nécessaire d'une *contravindicatio* comme moyen de défense.

Quels sont les effets juridiques produits par la prononciation de la sentence dans ces actions ?

Le juge assignait l'esclave au demandeur ou au défendeur, à moins que celui-ci ne fût un *vindex libertatis*, ou bien encore il déclarait les deux parties mal fondées dans leurs demandes respectives, tout en reconnaissant que l'individu, objet de la contestation était réellement esclave ; dans ce cas la sentence était ainsi conçue : *Servum Titii non videri*. C'est à ce triple résultat que font allusion les expressions qu'on trouve au Digeste (2) : *Servum Titii videri, liberum videri, servum Titii non videri*.

L'intérêt que le défendeur avait à présenter une *intentio* indépendante, c'est-à-dire une *contravindicatio* dans les actions concernant le *status* d'une personne, était le même dans la *rei vindicatio* et dans la *petitio hereditatis*.

Les actions au moyen desquelles on faisait reconnaître en justice les droits de co-propriété et de co-hérédité doivent être aussi anciennes que les droits qu'elles protégeaient ; ces actions sont notamment : la *vindicatio partis rei*, la *vindicatio partis hereditatis*

---

(1) Tite Live, iii, 45.
(2) L. 27, § 1, Dig. de lib. causa (40, 12).

et les actions en partage : *Actio communi dividundo* et *familiæ erciscundæ.*

Il s'élève maintenant la question de savoir si , de même que la *vindicatio* , la *contravindicatio* pouvait s'appliquer non-seulement à une *pars rei* , mais encore à une quote-part du droit revendiqué par le demandeur.

Il ne peut, en effet, y avoir de difficulté si la chose est un objet mobilier, la séparation de la partie devant être préparée par l'action *ad exhibendum* , et si la chose est un objet immobilier, chaque partie étant considérée comme un tout (1).

Nous n'hésitons pas à penser que la *contravindicatio* d'une part intellectuelle était aussi admise : elle était tout aussi nécessaire qu'une *contravindicatio* totale. De plus, comme, juridiquement, elle n'était pas considérée comme une exception, mais comme une véritable action indépendante, nous ne voyons pas de raison pour lui appliquer des règles spéciales.

Son intérêt pratique est évident. Si deux personnes se disputent un droit de co-propriété ou de co-hérédité, la présentation de la *contravindicatio* , dans l'ancienne procédure, évite l'instruction de deux procès séparés pour vider la contestation.

De tout ce qui précède, nous pouvons déjà voir que le rôle imposé au défendeur n'était pas des plus faciles. Dans l'exposition des raisons qu'il apportait à l'appui de son droit de propriété , il pouvait, s'il était de mauvaise foi, inventer une *causa* d'acquisition plus ou moins vraisemblable, mais sa position vis-à-vis du demandeur était loin d'être aussi commode que celle du possesseur moderne qui peut, ou se renfermer dans un silence prudent, ou présenter les dénégations les plus énergiques sans donner aucune espèce de raisons, ce qui est quelquefois compromettant. En Droit romain , du temps des *legis actiones* ; au contraire, le caractère de vraisemblance qui se trouvait à un degré quelconque dans les dires des deux parties indistinctement, avait la plus grande influence sur le Préteur au moment où il accordait les *vindiciæ*. Les raisons des possesseurs de mauvaise foi du temps des Romains, devaient

---

(1) L. 6 , § 1 , Dig. *communia prædiorum* (8, 4) : *Non est pars fundi , sed fundus.*

différer peu de celles des voleurs d'aujourd'hui. Ils achetaient toujours les objets d'un inconnu, d'un voyageur, dans une foire ou un marché (1). L'honnête propriétaire, au contraire, donnait le plus souvent le nom du vendeur, il l'amenait comme témoin, ou bien il arrivait avec ses voisins qui reconnaissaient tout de suite comme lui appartenant, ces bœufs, ces esclaves, ces chevaux qu'il avait perdus ou qu'on lui avait dérobés. Si le demandeur, malgré les bonnes raisons du défendeur, s'obstinait, on procédait à l'organisation solennelle de la contestation, et le Préteur donnait les *vindiciæ* à celui qui lui présentait le plus de garanties.

D'après l'opinion généralement reçue, le Préteur accorderait toujours les *vindiciæ* au possesseur, et c'est d'après la possession qu'on doit décider à qui incombe le fardeau de la preuve. Cette manière de voir ne nous semble pas exacte, elle repose sur une assimilation non justifiée de l'ancien *judicium duplex*, à ce qui n'eut lieu que plus tard pour la revendication. Dans le Droit classique, en effet, la possession sert à décider laquelle des deux parties soutiendra le rôle de demandeur ou de défendeur, et dans le doute on recourait à l'interdit *retinendæ possessionis*. Dans l'ancien Droit, au contraire, toutes les deux se présentant avec des prétentions indépendantes de part et d'autre, la conséquence naturelle de cette position était que le défendeur comme le demandeur devait délivrer la preuve de ses moyens. De quelle nécessité le premier aurait-il intenté tout d'abord une *contravindicatio* s'il avait pu se borner plus tard à nier simplement le droit de son adversaire ? La *contravindicatio* aurait été un acte sans but, et une négation aurait suffi. Cette manière de procéder acquiert une grande utilité pratique si on la rapproche de la mention forcée de la *causa*, tant au point de vue de la demande que de la défense.

Dans cet état de choses le fait de la possession était d'une très-minime importance ; pour cette raison, sauf dans quelques cas prévus par la loi, on pouvait laisser au libre arbitre du Préteur le soin d'accorder les *vindiciæ* à qui bon lui semblerait. Cela res-

___

(1) Ces indications ont toujours été de la plus grande importance : C. 5. Cod. Just., *de furt.* (6, 2)..... *rei exhibeas venditorem. Nam a transeunte et ignoto te emisse dicere non convenit volenti evitare alienam bono viro suspicionem*

sort évidemment, aux yeux de tout lecteur impartial, d: ce passage
de Gaius : *interim* ALIQUEM POSSESSOREM *constituebat eumque
jubebat prædes* ADVERSARIO *dare litis et vindiciarum*. Ce que nous
traduisons ainsi : le Préteur constituait une des deux parties en
possession, sans se préoccuper de celle qui avait possédé jusque-
là, *aliquem possessorem*, après quoi il ordonnait à l'adversaire,
notons que Gaius dit *adversario* et non *actori*, de présenter les
*prædes litis*. Ce droit illimité, qui compétait au magistrat pour
la délivrance des *vindiciæ* n'aurait été dangereux que si ces *vindiciæ* avaient eu pour effet de décharger du fardeau de la preuve
celui qui avait été reconnu possesseur. Dans un seul cas, qui certainement a dû se présenter bien rarement, les *vindiciæ* procuraient à
celui qui les avaient obtenues l'avantage de garder la possession de
la chose, même après le procès ; possession qu'il payait probablement fort cher par la perte du montant de l'amende encaissé par
l'*ærarium*.

Après l'introduction de la loi publicienne et lorsque l'idée de la
relativité de la propriété eût été admise, la première raison qui
rendait nécessaire la mention de la *causa* disparut, et la deuxième
également quand les *vindiciæ* tombèrent en désuétude. Ainsi
s'explique pourquoi le Droit postérieur a abandonné la nécessité de
la *contra-vindicatio* qui, sans la mention obligatoire de la *causa*,
n'avait plus le moindre intérêt (1).

La *contravindicatio* nous apparait donc comme un complément
indispensable de l'ancienne procédure romaine, comme une institution qui nous prouve combien les anciens jurisconsultes, bien
loin de se laisser entraîner par les exagérations d'un prétendu formalisme plaçaient au-dessus de la logique rigoureuse les besoins
pratiques de la vie réelle.

Ce n'est pas dans l'impuissance ou dans le formalisme de l'ancienne procédure qu'il faut chercher les raisons pour lesquelles
certains moyens de libération du défendeur n'ont été admis que
dans le système formulaire, mais dans la volonté raisonnée des
jurisconsultes qui savaient satisfaire à toutes les nécessités juridi-

(1) Le possesseur n'est plus obligé d'exhiber son titre : C. 12. Cod. Theod. *de fid.
inst.* (11, 30), comparer pourtant avec le C. 1. *ibid.* ; l. 73, pr. Dig. *de rei vind.*
(6,1).

ques de leur époque sans sortir des bornes du Droit civil. Si le Préteur a inventé pour certains moyens une forme toute nouvelle, l'*exceptio*, c'était parce qu'il ne pouvait toucher aux formes du Droit civil que les Romains entouraient d'un respect traditionnel et en quelque sorte religieux.

L'innovation prétorienne l'emporte sur l'ancien système à un point de vue seulement. Nous avons vu que l'effet de la négation est toujours absolu. L'exception au contraire peut être employée pour contester l'efficacité d'un droit non-seulement d'une manière absolue, mais encore d'une manière relative, c'est-à-dire, vis-à-vis du demandeur en particulier. Les exceptions que peut opposer un débiteur corréal fondées sur un pacte de remise relatif ou absolu; *in personam* ou *in rem*, nous offrent un exemple de ce double emploi de l'*exceptio*.

Ce nouveau moyen prétorien permet encore de mettre des droits relatifs, *in personam*, en opposition avec des droits absolus, *in rem*. Dans le contrat de vente, par exemple, l'acheteur qui par une raison quelconque n'est pas devenu propriétaire à la suite de la tradition effectuée par le vendeur, pourra repousser la revendication intentée par ce dernier, en invoquant le contrat de vente, base de l'exception *rei venditæ et traditæ*. Ce même résultat n'aurait pas été possible sous la forme d'une négation directe, car la propriété ne peut être niée ou affirmée vis-à-vis de telle personne et non vis-à-vis de telle autre. Le vendeur pouvait donc, dans l'ancienne procédure, revendiquer avec succès la chose qu'il avait vendue et livrée, mais dont la propriété *ex jure quiritium* n'avait pas encore été transmise, sauf à l'acheteur aussi évincé à attaquer le premier par l'action *auctoritatis in duplum*.

La raison de ces décisions se trouve dans la doctrine particulière des anciens jurisconsultes romains qui n'admettaient pas les conflits entre les droits de nature différente, conflits qu'ils considéraient comme illogiques et dangereux.

## CINQUIÈME SECTION

### Actions dérivant des leges imperfectæ instituées pour la protection de certaines personnes citées en justice.

Nous allons examiner maintenant toute une série d'actions qui vont nous montrer ce caractère singulier , qu'elle paraissent plutôt créés dans l'intérêt de la défense que dans celui de la demande. Ces actions ayant un but défensif avaient pour résultat d'annihiler l'effet d'une première action soit pour le tout, soit pour une partie ou d'en empêcher la présentation en justice.

Quand le législateur romain reconnut la nécessité d'apporter certaines restrictions à la puissance illimitée que les *patres familias* exerçaient sur leurs biens, telle qu'elle avait été reconnue et fixée par la loi des XII Tables, il se garda bien d'aller directement contre ce principe fondamental. C'est ainsi qu'on ne défendit pas au testateur de dépasser toute mesure dans la distribution de ses libéralités, et on n'interdit pas expressément la conclusion de certains contrats dont le législateur désapprouvait les conséquences. On n'annula rien , mais, et c'est bien là une manière de procéder toute romaine, tout en reconnaissant la validité et l'existence juridique de l'opération on punit, au moyen d'une *lex minus quam perfecta*, celui qui essayerait de réaliser la convention ou de tirer un bénéfice du legs qui dépasserait la mesure fixée par la loi. *Minus quam perfecta lex est* , dit Ulpien, *quæ vetat aliquid fieri, et si factum sit non rescindit, sed pœnam injungit ei qui contra legem fecit, qualis est Furia testamentaria , quæ plus quam mille asses legati nomine mortisve causa prohibet capere præter exceptas personas et adversus eum , qui plus ceperit, quadrupli pœnam constituit* (1).

Ce principe était si logiquement appliqué que le Préteur n'hésitait pas à accorder l'action dérivant d'un contrat dont la mise à

___
(1) Ulp., fr. pr. § 2. ; v. comme opposition, la définition de la *lex perfecta* ingénieusement restituée par Hushke *Monum. jurispr. antej.*, p. 131.

3

exécution était prohibée par la loi et prononçait sans difficulté la condition de la condamnation du défendeur. Seulement le demandeur devra payer cher son triomphe, car ce qu'il aura obtenu il sera obligé de le rendre, et au quadruple encore !

La forme ordinaire de ces sortes d'actions données à un défendeur qui avait succombé dans une première instance semble avoir été, du temps des actions de la loi, celle de la *manus injectio*. C'est du moins ce qui semble résulter de ces expressions qu'on trouve dans Plaute : *ubi quadruplator quoipiam injexit manum* (1).

L'intention de la loi est évidente : elle cherche ici à atteindre indirectement le même but auquel l'exception arrive directement ; elle voulait rendre impossible l'exercice de l'action qui compétait au créancier. Tout en ne s'appliquant qu'aux conséquences du fait prohibé, cette manière de procéder équivalait à la défense du fait lui-même. Ce moyen détourné pour entraver le fonctionnement d'une institution se retrouve dans l'histoire du Droit public romain. C'est ainsi que Sylla parvint à annihiler le droit d'intercession des tribuns en décidant qu'ils ne pourraient plus proposer un plébiscite sans l'approbation préalable du Sénat, composé exclusivement de ses partisans (2).

D'après leur nature juridique, ces actions doivent être rangées parmi les actions pénales. Leur manière de se présenter n'est évidemment qu'un détour de procédure, une sorte de moyen d'exception pour empêcher l'exercice d'un droit d'action. Elles sont l'épée de Damoclès suspendue sur la tête de tout demandeur assez téméraire pour accepter ou exiger le bénéfice d'une opération désapprouvée par la loi.

Le *delictum* qu'elles doivent réprimer peut être désigné comme un dol, comme le fait du demandeur qui veut se soustraire à l'effet

____

(1) Persa I, 2, v. 18 ; Gaïus IV. 22-33 mentionne trois cas d'application de cette peine, l° l'action de la loi *Furia testamentaria*, de la loi *Furia de sponsu* et de la loi *Marcia*. Le fait auquel s'applique la peine est désigné tantôt par *exigere* tantôt par *capere*, Gaïus II, 225, IV. 22. Ulp., fr. pr., § 2.

(2) Mommsen, *Histoire romaine*, tom. II, 5e édit. Berlin 1869, p. 202, et surtout 356 et 357.

d'une exception , au lieu d'y répondre : *dolo facit quicumque id ,
quod quaqua exceptione elidi potest , petit* (1).

Pourquoi les Romains ont-ils appliqué la peine du quadruple
aux infractions commises au mépris de ces diverses lois *imperfectæ ?*

M. Rudorff pense que les anciens jurisconsultes voyaient une
sorte de *furtum manifestum* commis au préjudice de la famille(2).

M. Jhering estime, au contraire, que cette peine tire sa raison d'être de la qualité de *manifesta* qui fut attachée à cette trans-
gression (3).

Il pouvait arriver pourtant que le débiteur, par crainte de s'at-
tirer l'inimitié du créancier, ou pour toute autre considération ,
reculât devant l'exercice de son droit ; l'intention du législateur
n'aurait pas été ainsi réalisée. Pour éviter cette fâcheuse négligence
du débiteur, on accorda une *actio popularis* qui permettait au
premier venu d'exercer l'action pour son propre compte. L'application de la loi fut dès lors certaine.

A quoi servait au créancier de se voir à l'abri de la répétition
du débiteur, par suite de l'influence qu'il pouvait exercer sur lui,
si tout citoyen pouvait lui infliger la peine dont la loi le menaçait.
Le motif qui faisait agir ces *quadruplatores* , tel est le nom qu'on
donna bientôt aux demandeurs de ces *actiones populares* , n'était
certainement pas puisé dans un sentiment de compassion pour le
faible sans défense, comme dans le cas de *postulatio suspecti tu-
toris,* ni dans le désir de redresser la morale publique outragée.
Ces individus n'étaient poussés que par la plus sordide avarice, au
service de laquelle ils mettaient toute leur activité et leur intel-
ligence (4). La pratique romaine nous montre que la bassesse
du mobile de l'action ne nuisait en rien à l'efficacité du moyen.

---

(1) L. 2, § 8, Dig., *de dol. exc.*(44) ; l. 1, § 1, l. 8 eod., tit. : *dolo facit qui
petit quod rediturus est.*

(2) Rudorff, *Hist. du Droit rom.* , 1, p. 40 , note 7 ; loi Marcia, p. 80 ,
loi Cincia.

(3) Jhering , *loc. cit.*, p. 111, note 188.

(4) Festus, v. *quadruplatores… ut eas res persequerentur quarum ex legibus
quadrupli erat actio.* Tite-Live les nomme : *interceptores litis alienæ.* Ils tirent
leur nom de la peine du quadruple dont ils bénéficiaient.

Cette espèce de *chantage* se trouva exploité d'une si âpre manière par cette foule de déclassés, de gens sans métier bien déterminé ou avouable, qui abondait à Rome, que le législateur fut obligé de modérer leur ardeur en édictant contre leurs injustices les peines les plus sévères.

Ce fut en partie pour réprimer ces excès, produits de la corruption qui, surtout après la mort de Caton, commençaient à miner la République, que fut introduit le serment imposé au demandeur : *calomniæ causa non postulare*, et dans la suite, toute une série de décisions pour arrêter les chicanes des demandeurs téméraires. On voulut aussi mettre un frein aux scandales causés par ces jeunes patriciens qui, se présentant effrontément sous le masque de Catons imberbes, saisissaient l'occasion de se lancer bruyamment dans la vie publique en se faisant les calomniateurs d'un homme éminent dans l'État pour flatter, par leurs accusations, les passions de la foule, et se procurer ainsi une vulgaire popularité (1).

L'énumération de quelques cas d'application des moyens de défense que nous venons de décrire, nous donnera l'occasion de voir les principes indiqués ci-dessus confirmés par la pratique romaine.

### § Ier. — *Loi Furia testamentaria.*

Pour attacher à cette loi une sanction efficace, le législateur devait faire plus que de défendre la demande juridique d'un legs dépassant la mesure légale de 1,000 as, *exigere ;* il devait aller plus loin, en empêchant l'acceptation de l'offre volontaire de la libéralité, le *capere* selon l'expression déjà citée de Gaius et d'Ulpien. Sans cette dernière précision, la loi aurait bien empêché l'emploi de la force juridique, mais non l'effet du respect consacré par les mœurs envers les dernières volontés du testateur et de l'influence morale que le légataire aurait pu exercer sur l'héritier.

(1) Mommsen, *loc. cit.*, tom. II, ch. 2, sur les *mouvements sociaux du temps des Gracches.*

Cette interdiction avait une importance capitale dans une institution d'héritier à laquelle on posait pour condition l'accomplissement d'une libéralité excessive à la charge de l'*heres*, par exemple, si Titius donne 10,000 as à Mœvius, qu'il soit mon héritier. Mœvius n'avait aucune action, et il n'en avait pas besoin, car l'obligation indirecte imposée à Titius était suffisante. S'il ne voulait pas tomber sous le coup de la loi, il devait refuser le paiement de la somme entière et n'accepter que 1,000 as. La condition était alors considérée comme accomplie au profit de l'héritier institué. L'insuffisance des textes ne nous permet pas de décider si l'action de la loi *Furia testamentaria* était une action populaire au quadruple, cela nous semble cependant très-probable. Il nous suffit de voir de quelle manière les Romains avaient su l'employer.

## § II. — *Loi Furia de sponsu.*

Gaius impose au créancier qui a accepté plusieurs cautions l'obligation de diviser également son action contre tous les débiteurs (1). Si le créancier a exigé de l'une des cautions plus qu'elle ne devait, celle-ci pourra user de la *manus injectio* pour se faire rembourser du surplus. Gaius, le seul jurisconsulte qui nous ait révélé l'existence de cette loi, ne nous dit pas plus pour celle-ci que pour la précédente, si elle était au quadruple. Nous n'avons pas plus de raisons pour croire la négative que l'affirmative. Elle décidait encore que la durée de l'obligation de la caution ne pourrait excéder deux ans (2). Ce que nous tenons à faire remarquer ici, c'est que l'ancien Droit employait une demande séparée dans le même cas, auquel fut appliqué plus tard un moyen d'exception prétorienne.

(1) Gaius iv, 22.

(2) M. Jhering, sans appuyer ses conjectures sur aucun texte, soutient que cette loi n'est qu'un chapitre d'une loi dans laquelle devait être aussi contenue la *lex Furia testamentaria* ; contra. Rudorff, *loc. cit.* i, 80, 87.

### § III. — *Loi prohibant certains jeux de hasard.*

On ne connaît pas son véritable nom ; Plaute y fait allusion en la qualifiant de *lex talaria*(1). Elle était au quadruple. Justinien l'a conservée comme *actio popularis*, mais seulement en répétition du montant de la somme livrée.  —

### § IV. — *Loi Marcia de usuris reddendis.*

Cette loi, comme son nom l'indique, avait pour but de réprimer l'usure. Gaius en la mentionnant ne parle que des intérêts en général et non des intérêts au-dessus du taux légal (2). Faudrait-il en conclure que le jurisconsulte prenait en considération la loi *Genucia* qui avait prohibé d'une manière absolue le prélèvement des intérêts ? C'est ce que nous n'osons affirmer. Ce qu'il nous importe surtout d'observer encore ici, c'est que le législateur procède dans cette espèce au moyen d'une *lex imperfecta* en sanctionnant la désobéissance à la loi par la peine du quadruple (3).

### § V. — *Loi Plætoria.*

Quiconque avait, dans la conclusion d'un contrat, abusé de l'inexpérience d'un mineur de vingt-cinq ans, était poursuivi par le *judicium legis Plætoriæ* qui entraînait pour le condamné l'infamie et certaines peines pécuniaires. Nous ne nous occuperons pas plus longuement des dispositions consacrées par cette loi, nous nous bornerons à examiner plus spécialement les formes employées par le législateur romain, pour atteindre le but qu'il s'était proposé.

(1) Plaute, *Miles Gloriosus*, II, 2, v. 9.
(2) Gaius IV, 23.
(3) La loi Marcia fut établie vers l'an 402, et la loi Genucia en 112 de la fondation de Rome, v. Rudorff, *loc. cit.*, I, § 10, *Leges fenebres et de ære alieno.*

La peine pécuniaire édictée par cette *lex Plætoria* était très-probablement du quadruple, et de cette sévérité devait venir cette crainte salutaire inspirée aux usuriers dont parle Plaute : *Credere metuunt omnes* (1).

Une action était accordée au mineur de vingt-cinq ans, un an même après avoir atteint sa majorité. Ce qui explique ces expressions *tempus legitimum*, *ætas legitima* que nous trouvons dans les textes (2).

Cette action *ex lege Plætoria* rendait le fonctionnement de l'exception inutile à cause de la qualité de *popularis* qui lui était attribuée.

Ce ne fut qu'avec le développement du système formulaire, et lorsque les exceptions ayant été introduites dans la procédure, on eut admis ce nouveau principe : *Cui damus actiones eidem et exceptionem competere multo magis quis dixerit*, qu'on pût penser à fonder une exception de la loi *Plætoria* en faveur du mineur de vingt-cinq ans lésé. D'après quelques auteurs, cette exception fut usitée déjà du temps des actions de la loi (3). On prétend dans ce système que le mineur aurait pu repousser indirectement l'action du créancier en invoquant la protection de la loi Plætoria, mais comme le témoignage de Gaius (4) exclut la forme de l'exception prétorienne, on a supposé l'existence de *sponsiones* que le défendeur pouvait imposer au demandeur, pour empêcher l'instruction du procès. Le fonds de l'institution aurait été ainsi conservé. Il y avait, nous assurent ces auteurs, une question préalable posée pour savoir si dans le contrat invoqué il y avait eu ou non infrac-

(1) Plaute, *Persa* 1, 2.
(2) L. 10, Dig. *de minoribus* (4, 4).
(3) Cette idée d'abord mise en avant par M. de Savigny, acceptée ensuite par la généralité des auteurs, se trouve aujourd'hui vivement attaquée par un grand nombre de savants : Krueger, dans son ouvrage intitulé : *Processualische Consumtion und Rechtskraft des Erkenntnisses*, Leipzig, 1864, p. 10-26. Jhering, *Geist des roemischen Rechts*. Rudorff lui-même, partisan du système de Savigny, semble avoir été ébranlé, d'après les dires de M. C. Sell, par les arguments de ce dernier.
(4) Gaius IV, 108.

tion à la loi ; c'était cette question qui servait de base à une spon-
sion préjudicielle.

On part de ce point pour reconstruire dans l'ancienne procédure presque tout le système des exceptions tel qu'il fut mis en
pratique sous le régime formulaire.

Cette opinion nous paraît insoutenable. Le seul argument qu'on
puisse faire valoir pour elle, consiste dans un passage de Plaute
dans lequel il est raconté qu'un marchand d'esclaves se refuse à
donner un talent qu'il avait promis par serment , en voulant
prouver qu'il était mineur et qu'il avait été lésé frauduleusement,
cas prévu par la loi Plœtoria. Les paroles de Plaute seraient une
allusion directe à une manière de procéder ordinaire dans laquelle
aurait été présentée et examinée l'*exceptio legis Plœtoriæ*. La lec-
ture de toute la scène ne sera pas inutile à la clarté de l'interpré-
ration (1).

GRIPUS.

Dépêchez-vous.

LABRAX.

Pourquoi me presser ?

GRIPUS.

De me donner l'argent.

LABRAX.

Je ne te dois rien.

GRIPUS.

Quelles sont ces manières ? Prétendez-vous ne rien me devoir ?

LABRAX.

Non , par Hercule.

GRIPUS.

Ne me l'avez-vous pas promis par serment ?

LABRAX.

J'ai juré et je jurerai bien encore si cela me fait plaisir. Le serment a été
institué pour garder son bien et non pour le perdre (2).

GRIPUS.

Je ne vous réclame plus rien , grand parjure , si vous me donnez un talent.

(1). Plaute, Rudens , acte v , scène 3.
(1) *Jusjurandum rei servandæ , non perdendæ causa conditum est.*

**D.EMONES.**

Gripus, pourquoi demandes-tu ce talent.

**GRIPUS.**

Il a juré de me le donner.

**LABRAX.**

Il me plaît de jurer, es-tu le grand Pontife pour t'attribuer la connaissance des faux serments ?

**D.EMONES.**

Pourquoi t'a-t-il promis cet argent ?

**GRIPUS.**

Il a juré de me donner un grand talent si je lui remettais cette valise entre les mains.

**LABRAX.**

Je consens à aller devant le premier juge venu si tu oses m'intenter une action, et tu verras si je ne te prouverai pas que tu m'as arraché cette stipulation par dol et que je suis mineur de vingt-cinq ans (1).

Nous nous demanderons d'abord pourquoi ne pas penser plutôt à l'action qu'à l'exception *legis plœtoriœ*. Cette action se présente à nous avec des témoignages historiques irrécusables, tandis que nous ne savons rien ou presque rien de ces formalités préjudicielles. Les dernières paroles elles-mêmes de Labrax font-elles réellement allusion à l'instruction d'un procès? M. C. Sell le croit, induit en erreur par ces mots qui semblent techniques, *ni dolo malo instipulatus sis*. Mais en lisant attentivement la scène qui précède on peut bien voir que telle ne pouvait être la pensée de ce marchand d'esclaves, d'aller porter la question devant un véritable juge; et cela pour un grand nombre de raisons. D'abord le prétendu demandeur était esclave et le maître n'avait rien approuvé de ce qu'il avait fait. La demande de Gripus ne pouvait faire non plus l'objet d'une demande en justice, car il ne s'agissait pas d'une promesse pouvant créer un lien de droit mais simplement un devoir moral incombant à Labrax de donner un talent à Gripus si

---

(1) *Cedo quicum habeam judiciem ni dolo malo instipulatus sis nisce etiam tum siem quinque et vigente annos natus.* Notons que ce Labrax est un vieux barbon.

(2) *De exceptionum usu, qui legis act. temp fuerit.* Bonnœ, 1867.

celui-ci lui rapportait la valise qu'il avait perdue. Et c'est à propos de cette question que le Préteur doit nommer un *judex* pour examiner les moyens tirés de la loi Plætoria ! Et entre quelles parties ? Non pas entre le prétendu mineur, et son contradicteur ou le maître de ce dernier, mais entre lui et le premier venu ; *cedo quicum*, c'est-à-dire, *sisto mihi aliquem*, *quocum habeam judicem*, On n'a besoin que de lire encore une fois la scène qui amène le *leno* à parler ainsi pour se convaincre qu'il n'est nullement question de procès. Labrax fait des propositions vagues et exagérées, il cherche des faux-fuyants, et l'acceptation du premier venu pour arbitre est faite avec le même sérieux que celui d'un maquignon en foire disant à un acheteur : vous pouvez faire estimer mon cheval par qui vous voudrez, et que Dieu me damne s'il ne vaut pas tant. C'est ainsi que le marchand d'esclaves avait déjà dit : que Vénus me ruine si je ne te donne pas le talent que je te promets (1).

Supposons qu'il y eût réellement un procès prejudiciel dans lequel l'exception *legis Plætoriæ* fût appliquée. Par qui aurait-il été introduit, par le Droit civil ou par le Préteur ? Est-ce par la loi ? Cette supposition n'aurait rien d'invraisemblable car nous voyons d'après Gaius, que ce moyen a été employé en faveur des *sponsores* et des *fidepromissores* : *Permittitur sponsoribus et fide-promissoribus intra diem XXX præjudicium postulare, quo quæratur, an ex ea lege præ dictum sit, et si judicatum fuerit prædictum ita non esse liberantur* (2). Mais si la loi Plætoria avait pris cette forme, l'effet du *præjudicium* aurait dû être le même dans un cas que dans l'autre, c'est-à-dire opérer une libération *ipso jure* si elle avait été appliquée par ce *præjudicium* du Droit civil ; ce moyen de procéder serait toujours resté dans la classe des moyens de l'*ipsum jus*, car nous n'avons pas d'exemple de droits civils devenir prétoriens ; or, l'exception de la loi Plætoria ayant été employée dans le régime formulaire sous une forme d'exception

(1) Acte v, scène 2, *ibid*; avec cette différence que Labrax et Gripus étaient réellement dans le temple de Vénus.

(2) Gaius III, 123.

prétorienne, nous en concluons que c'est au Préteur qu'il faut attribuer cette innovation.

Les autres arguments basés, pour la plupart, sur des passages de Plaute sont encore plus faibles que celui que nous avons présenté. Il suffit de les lire pour s'en convaincre (1).

En jetant un coup d'œil rétrospectif sur l'organisation et le fonctionnement de la procédure romaine dans l'ancien Droit, tels que nous venons de les décrire, les expressions de Gaius, *nec omnino ita ut nunc usus erat illis exceptionibus*, nous apparaissent alors susceptibles d'une double explication. Ce texte nous confirme que l'ancienne procédure romaine n'admettait pas les exceptions, mais que les jurisconsultes introduisirent un autre procédé, au moyen duquel ils surent sauvegarder les intérêts de la défense, avec la même fermeté et la même habileté que les Préteurs déployèrent dans la suite, tout en tenant compte, comme eux, des nécessité juridiques de leur époque.

Citons en terminant le jugement porté par M. Jhering, sur l'ancienne procédure romaine ; nous ne croyons mieux faire que de soumettre le nôtre à son autorité :

« La première impression que doit produire le système de l'ancienne procédure romaine pour tout observateur impartial, doit être évidemment celle de l'admiration pour l'habileté dont les premiers jurisconsultes nous donnent déjà de si éclatants témoignages. On doit y voir, selon moi, un chef-d'œuvre auprès duquel je ne saurais rien placer de comparable dans l'histoire juridique de quelque peuple et de quelque époque que ce soit ; un chef-d'œuvre auprès duquel doit s'éclipser notre procédure moderne. Nous y remarquons un mécanisme dans lequel la simplicité de l'idée fondamentale s'unit avec la plus admirable logique dans l'application des conséquences, où la plus grande finesse dans les détails se joint à la clarté et à la force de l'ensemble, en un mot, je vois dans ce système une machine aussi remarquable par sa simplicité que par sa disposition artistique. »

(2) *Carolus Sell, loc. cit.* invoque une foule de textes qui, selon lui, font allusion à l'exception *legis Plætoriæ* ; nous nous sommes contentés de réfuter le principal.

## DES EXCEPTIONS PENDANT LA PÉRIODE DU SYSTÈME FORMULAIRE.

Lorsque, vers la fin de la République, Rome, déjà maîtresse de l'Italie, eut définitivement établi son hégémonie sur tous les rivages de la Méditerranée, cette ville devint le pivot sur lequel reposèrent les intérêts politiques, financiers et commerciaux de l'ancien Monde. La multiplicité des rapports qui résulta de la concentration d'une masse d'affaires sur le même point, la nécessité pour une multitude de citoyens de quitter, souvent pour de longues années, la ville de Rome et les immenses acquisitions territoriales faites par eux dans les provinces dut exercer une grande influence sur l'organisation judiciaire, comme sur toute l'organisation politique en général. Le nombre des procès longs et compliqués devint très-considérable. Le système des contre-demandes, tel qu'il avait été pratiqué jusqu'alors, faisait perdre un temps précieux et, dans ces circonstances, portait une atteinte grave aux intérêts des parties et à la bonne et prompte administration de la justice.

C'est pourquoi une loi fut proposée pour réformer une institution qui ne répondait plus aux nécessités du moment. C'est à la loi Æbutia, promulguée vers le milieu ou vers la fin du VIe siècle de la fondation de Rome, que nous devons l'introduction du système formulaire, complété plus tard par les lois deux Juliæ(1). Elle substitua aux *legis actiones* une nouvelle procédure, par le moyen

(1) Les auteurs ne sont pas d'accord sur la date de cette loi *Æbutia* ; les uns la placent en 520, d'autres en 550, d'autres enfin en 603. V. Rudorff, *Histoire du Droit Romain*, tome I, p. 105.

de formules dont la composition et la délivrance furent confiées au premier magistrat judiciaire de la cité, au Préteur. L'essentiel à noter dans cette nouvelle institution consiste en ceci : que le magistrat, après avoir écouté le récit de l'affaire en litige, examinait seulement si la demande était juridique, et nommait un *judex* qu'il chargeait de vérifier la question du fond posée dans la formule écrite qu'il remettait aux parties (1).

Tout d'abord, la transition dût paraître à peine sensible, les mêmes principes de l'*ipsum jus* furent toujours appliqués, et ce n'est que peu à peu que ce nouveau système, non-seulement changera de face toute la procédure, mais influera encore, dans une grande mesure, sur le développement du droit positif luimême.

Du moment où le Préteur rédigeait un ordre impératif, *judicare jubere*, il pouvait poser la réalisation de tous les faits qui lui semblaient devoir influer sur la décision de la question, comme condition de la condamnation que le *judex* devait prononcer.

En première ligne se présentèrent ces moyens qu'on faisait valoir dans l'ancien Droit, en intentant une contre-demande séparée (2), dont les inconvénients et les longueurs contribuèrent pour beaucoup à l'introduction du nouveau système.

Le Préteur fut d'abord l'exécuteur fidèle des prescriptions de l'ancien Droit civil; ce ne fut qu'ensuite, et en observant les gradations successives, qu'il employa dans l'introduction des actions *in factum*, qu'il arriva aussi à créer des exceptions tirées essentiellement de sa juridiction propre.

Il appliqua d'abord les exceptions basées sur le Droit civil pur,

---

(1) Gaius, iv, 30, 31, *per legem Æbutiam et duas Julias sublatæ sunt istæ legis actiones — tantum ex duabus causis permissum est lege agere : damni infecti et si centumvirale judicium fit.*

Aulu-Gelle, N. A. 16, 10, 8. *Sed enim cum « proletarii » et « adsidui » et « sanates, » et « vades » et « subvades » et « vigenti quinque asses » et « taliones » furtorumque quæstio « cum lance et licio » exanuerint omnisque illa duodecim tabularum antiquitas nisi in legis actionibus centumviralium causarum.* Rudorff, loc. cit. p. 104.

(2) *Vid. suprà :* les exemples tirés de l'*acti « ex lege Plætoria, ex lege Cincia, Furia testamentaria,* etc.

par exemple les exceptions *si quid contra legem vel senatus-consultum factum esse dicatur, Legis Plætoriæ, Papiæ, etc., etc.* Ensuite, viennent les exceptions *rei judicatæ, in judicium deductæ, etc., etc.,* et toute la série des exceptions basées sur les obligations naturelles et les droits d'origine prétorienne.

Le développement de tout le système repose sur ce parallélisme de l'*ipsum jus* et du *jus honorarium,* sur le rôle du Préteur dans la délivrance de la formule et sur la position du *judex* en présence de l'ordre de condamnation. Quelle que fût l'origine du droit qui servait de base à la question subsidiaire, il y avait une dérogation à l'ordre adressé au *judex.* C'est de là que dérive le nom d'*exceptio,* idée bien traduite par les expressions employées ordinairement *extra* ou *præter quam si, si non, si in ea re nihil,* etc. (1).

En résumé, la forme de l'exception est essentiellement prétorienne, parce que la réunion d'une *intentio* dans laquelle un droit est affirmé par une partie, et non contesté dans son existence présente par l'autre, et d'une *condemnatio* qui sera modifiée selon la réalisation d'une condition posée subsidiairement, est un mécanisme qui ne se retrouve que dans le système formulaire.

Nous diviserons notre sujet de la manière suivante :

CHAPITRE I<sup>er</sup> : Des exceptions en général.

1<sup>re</sup> SECTION : Définition, forme et place de l'exception.

2<sup>me</sup> SECTION : De la preuve de l'exception.

3<sup>me</sup> SECTION : Exposé des motifs de l'introduction de l'exception dans le système formulaire.

(1) V. L. 18, Dig. *de oblig.,* etc., etc. (44,7).

# CHAPITRE PREMIER.

## Notions générales sur les exceptions : leur forme.

### PREMIÈRE SECTION

#### Définition de l'exception.

Pour nous rendre un compte plus exact du mécanisme employé dans le système formulaire pour présenter une objection sous la forme d'exception, nous ne croyons pas inutile d'exposer en quelques mots les différentes parties de la formule.

Demandons-nous d'abord ce que nous devons entendre par formule :

On entend par formule un ordre écrit émanant du Préteur et adressé à un citoyen romain appelé *Judex*, à l'effet par ce dernier d'avoir à décider une question pendante entre deux parties avec le devoir de condamner ou d'absoudre le défendeur.

Nous distinguons plusieurs parties dans la formule; les unes s'y trouvent régulièrement, les autres accidentellement.

A la première catégorie appartiennent : 1° la *Demonstratio*; 2° l'*Intentio*; 3° l'*Adjudicatio*; 4° la *Condemnatio*.

A la deuxième : 1° la *Fictio*; 2° l'*Exceptio*; 3° la *Replicatio*, etc.; 4° la *Præscriptio*.

L'exception se trouve donc dans les parties accidentelles de la formule.

Dans la *demonstratio* sont exposées les raisons sur lesquelles le demandeur base sa demande; en d'autres termes, la définition du rapport juridique entre les parties : l'existence d'un contrat, d'un délit, etc. *Quod Agerius Negidio hominem Stichum vendidit.*

Dans l'*intentio*, le demandeur constate ce qu'il croit être la prestation juste qu'il a le droit d'exiger du défendeur.

Cette *intentio* peut être *in jus* ou bien *in factum concepta*. *Si paret Negidium Ageriæ II. S. X milia dare oportere ex jure Quiritium.*

Deuxième forme : *Agerium Negidio deferente jurasse hominem Stichum q. d. a. suum esse* (1).

L'*adjudicatio* n'est insérée que dans les actions en partage.

La *condemnatio* est cette partie de la formule qui délègue au juge le pouvoir de condamner ou d'absoudre le défenseur : *Condemna, si non paret absolve* (2).

La sentence du juge en tant qu'elle aboutit à la condamnation du défendeur, doit consister en une somme d'argent : *Certa pecunia*. Cette estimation a lieu de la part du demandeur dans l'*intentio* et dans ce cas, la *condemnatio* doit reproduire exactement la même somme, ou bien c'est le Préteur qui, dans certaines circonstances (3), fixe lui-même le montant de la somme que le défendeur pourra être condamné à payer.

L'estimation a lieu *in judicio* : 1° dans les actions *certæ*, dans lesquelles il n'est pas réclamé directement de somme d'argent. Exemple : *Rei vindicatio, actio confessoria, negatoria, servienne, condictio triticaria ;* 2° dans certaines actions *in factum* (4), au moyen de la mention : *Quantum ob eam rem tibi æquum esse videbitur ;* 3° dans les *actiones incertæ* : *Quanti ea res erit* ou par l'emploi de l'*intentio incerta* : *Quantæ pecuniæ paret dolo malo familiæ Negidii vi hominibus armatis coactisve Agerio damnum datum esse* (5).

Ce rapide aperçu nous suffit pour assigner la place de l'exception dans la formule.

Ce qui ressort tout d'abord de ses termes, c'est la nécessité

(1) *Rud.* R. R. G., pag. 96 et L. 7, § 7, D. *de Publ.* (6, 2)

(2) L. 37, Dig. de R. J. (50, 17).

(3) *Atrox injuria, in jus vocatio* du patron par son affranchi, dans l'action de *albo corrupto.*

(4) Premier exemple : Dans l'action de *injuria simplex,* l. 17, § 2, D. *de injuria* (47, 10).

(5) L. 5, § 1, Dig. *de præscript. verb.* (19, 5).

pour le demandeur de prouver son affirmation, c'est-à-dire de fonder en droit la recevabilité de son *intentio* basée sur la réalisation des faits présentés dans la *demonstratio*. Le défendeur, contrairement à ce qui avait lieu du temps des actions de la loi, se trouve ici protégé par la possession, à laquelle le Préteur attacha une importance que l'ancien Droit romain était loin de lui attribuer. Il peut se borner à nier l'*intentio* purement ou simplement ou prouver la non-existence actuelle du droit invoqué par le demandeur. Il peut encore recourir à un troisième moyen, qui consiste dans la présentation d'une *exception*.

L'exception, au point de vue de la forme, est une question subsidiaire posée en faveur du défendeur, ajoutée à la formule, et restrictive du droit de condamner (1), malgré le bien-fondé de l'*intentio* présentée par le demandeur.

Analysons cette définition. Elle est, disons-nous, une question subsidiaire ; d'où il suit qu'elle n'est pas une contradiction directe du droit du demandeur, mais bien un moyen détourné que le défendeur oppose à ce dernier. Elle est ajoutée à la formule, dont elle forme un appendice, ce qui distingue l'*exceptio* de la *præscriptio*, placée avant même l'*intentio* (2). Malgré le bien-fondé de la demande, le défendeur évite pourtant la condamnation ; c'est là un point caractéristique de l'exception en Droit romain, car, si la nullité radicale ou la non-existence actuelle du droit du demandeur pouvait être prouvée, le défendeur se trouverait suffisamment protégé *ipso jure*. C'est pourquoi il ne peut être question d'*exceptio solutionis, acceptilationis, novationis* contre l'*actio personalis in jus concepta*, ou d'une *exceptio usucapionis, recentioris dominii* contre la revendication. Au contraire, tous les caractères de l'exception se présentent dans l'objection tirée d'un pacte, dans l'*exceptio rei in judicium deductæ, judicatæ* ou *doli* (3), et dans l'*exceptio dominii* contre l'action publicienne (4).

(1) *Cours de Dr. rom.* de M. Humbert ; l. 9, Marcell. *de except.* (44, 1).

(2) Nous ne voulons parler, bien entendu, que de la forme de la *præscriptio* ; la comparaison entre la *præscriptio* et l'*exceptio* n'influant en rien sur le résultat de nos recherches, nous nous abstenons d'en parler.

(3) L. 60, Dig. *de fidej.* (46,1).

(4) Gaius, iv, 116.

4

Cette dernière partie de notre définition se base enfin sur les paroles mêmes d'Ulpien (1) : *Exceptio dicta est quasi quædam exclusio, quæ interponi actioni cujusque rei solet ad cludendum id, quod in intentionem condemnationemve deductum est.*

On a souvent défini l'exception comme, un moyen de défense essentiellement basé sur l'équité ; c'est là une erreur, car la définition, ne s'appliquant pas *toto definito*, comprendrait un élément qui, bien que se trouvant généralement dans les exceptions, n'est pas essentiel à leur nature. Nous n'en voulons donner pour exemple que l'*exceptio rei judicatæ*, dont le fondement véritable se trouve plutôt dans des considérations d'ordre public. De plus, comme nous essayerons de le démontrer, nous verrons que plusieurs exceptions étaient basées sur des raisons tirées exclusivement de l'*ipsum jus* (v. Sect. III).

A quel moment l'*exceptio* devait-elle être demandée ?

Lorsque le défendeur ne se trouvait pas fondé à nier directement le contenu de l'*intentio*, il demandait au Préteur d'insérer dans la formule la mention d'un fait qui serait posé comme condition à la condamnation qui le menace. Sur ce point, s'élève entre les parties une nouvelle contestation dans laquelle le demandeur s'opposera à l'introduction de ce nouvel élément de discussion ; si le Préteur reconnaît l'admissibilité de la demande du défendeur, il insérera l'exception, sinon il délivrera un *judicium purum*, c'est-à-dire sans *adjectio exceptionis*. Si le *reus* a négligé de demander l'insertion de cette condition en sa faveur, si, en d'autres termes, il a accepté le *judicium purum post judicium acceptum, litem contestatam*, il ne pourra plus recourir qu'à la *restitutio in integrum* (2), si c'est par erreur qu'il n'a pas présenté son exception (3).

Si le demandeur ne conteste pas *in jure* la validité de l'exception, ou si, malgré les dénégations de celui-ci, il apparaît très-clairement que l'objection du défendeur est bien fondée sans

---

(1) L. 2, pr. de excep. (44,1).

(2) Gaius IV, 125. Pour l'*exceptio doli (litis contestationem secuti)*. V. l. 23, § 3, Dig. de cond. indeb. (12, 6).

(3) G. IV, 125, texte restitué par Huschke.

que l'examen de la question par le *judex* soit·nécessaire, le Préteur refusera l'action au demandeur : *Quarum rerum actio non datur* (1).

Remarquons que le défendeur n'est astreint à aucune restriction dans la présentation de ses moyens, il peut les faire valoir tous à la fois, de quelque nature qu'ils soient : *Nemo prohibetur pluribus exceptionibus uti quamvis diversæ sint* (2). Avec l'exception de serment il peut faire valoir la chose jugée : *Is qui dicit se jurasse potest et aliis exceptionibus uti cum exceptione jurisjurandi vel aliis solis* (3); à une négation directe on peut encore ajouter tout autre moyen : *Nemo ex his qui negant se debere prohibetur etiam alia defensione uti* (4).

Sur quoi se fonde cette possibilité du cumul de ces divers moyens de défense (5)? La litiscontestation opérant novation de l'obligation primitive réclamée par le demandeur, il était juste que le défendeur pût invoquer contre la nouvelle obligation toutes les objections qu'il aurait eu le droit de présenter contre la première. Cette faculté, il ne la conservait que tout autant que la *litiscontestatio* n'était pas accomplie; le *judex* n'examinant plus l'ancienne mais la nouvelle obligation, il est nécessaire que le défendeur présente toutes ses raisons pour maintenir leur efficacité contre cette dernière.

En règle générale, l'exception était placée à la suite de l'*intentio*, quelquefois, mais très-rarement, elle l'était dans la *condemnatio* elle-même (6).

Dans les actions de bonne foi, les exceptions fondées sur

---

(1) Voyez les textes cités dans la note 44 du § 49 du *Traité de pr. civ. rom.*, par Bethmann-Hollweg.

(2) L. 8, Dig. *de except.* (44, 1).

(3) L. 8, Dig. *Ibid.*

(4) L. 43, Dig. *de regul. jur.* (50,17).

(5) L. 9, Dig. *d. R. jur.* (50,17), *Non utique existimatur confiteri de intentione adversarius quocum agitur, quia exceptione utitur.*

(6) Dans le cas de taxation indéterminée de la condamnation : *Id in quod facere potest*, si le défendeur avait obtenu le bénéfice de compétence : *Condemna Ao Ao Nm Nm in eo quod facere potest*, l. 7, D. *de except.*, l. 2, *de except.*, l. 22 *Ibid.* Comp. l. 2, l. 22 *de except.* (44,1).

l'équité sont sous-entendues : *Exceptiones insunt* (1). La raison
en est dans la nécessité pour le demandeur et le défendeur de se
trouver sur un terrain égal, sur lequel leurs arguments puissent se
rencontrer ; pour cela, ils doivent logiquement accepter les mêmes
principes : *Quia fides bona est contraria fraudi et dolo* (2).

C'est pourquoi, les exceptions de pacte et de dol étant considé-
rées comme sous-entendues dans la formule, on pourra les proposer pour la première fois devant le *judex arbiter* auquel le
magistrat a donné les pouvoirs les plus étendus pour cela : *Quidquid ob eam rem actori dare facere oportet ex fide bona*.

Faut-il aller jusqu'à prétendre que toute exception, quelle que
soit sa base juridique, est toujours sous-entendue dans les actions
de bonne foi ?

Il s'est élevé sur ce point une controverse entre les jurisconsultes.

1re OPINION. — Dans un premier système, soutenu par M. de
Savigny, et en France par M. Burnouf (3), toute action de bonne
foi comprendrait, sans mention spéciale nécessaire, la possibilité
de présenter une exception, quelle qu'elle fût.

A l'appui de cette opinion semble militer fortement un texte
d'Ulpien, ainsi conçu : *Generaliter sciendum est, ex omnibus in
factum exceptionibus doli oriri exceptionem, quia dolo facit, quicumque id, quod quaque exceptione elidi potest petit. Nam et si inter
initia nihil dolo malo facit, attamen nunc petendo facit dolose, nisi
si talis sit ignorantia in eo, ut dolo careat* (4). Voici l'argument
qu'on en tire : Titius a intenté contre moi une action de bonne
foi ; j'ai été absous ; mais, quelque temps après, il forme de nouveau contre moi la même demande qu'il sera en mesure de prouver. De mon côté, je me présente devant le *judex* sans avoir fait
insérer dans la formule de cette action de bonne foi l'exception *rei*

---

(1) L. 7, § 6, Dig. *de pact.* (2,14).
(2) L. 3, *pr. socio*, Dig. l. 6, Dig. (19,1), l. 3, Dig. (18,5).
(3) Thèse pour le doctorat, 1821 : *De re judicata et de rei judiciariæ apud
Romanos disciplina*.
(4) L. 2, § 5, Dig. *de doli mali et met.* (44, 4).

*judicatœ*, puis-je cependant invoquer la chose jugée pour obtenir mon absolution?

Du texte d'Ulpien, dit-on, il résulte que je le pourrai. En effet, pourrai-je répondre, vous voulez, vous Titius, profiter de ce que je n'ai pas eu la précaution de demander au Préteur l'insertion de l'exception *rei judicatœ*, à cause de laquelle votre demande n'aurait eu la moindre chance de succès ; dès lors, votre insistance à me poursuivre constitue un dol dont je puis arguer contre vous. Ce même raisonnement pourra se faire à propos de toute exception autre que celle tirée de la chose jugée, et non fondée sur l'équité.

2ᵉ Opinion. — A cela plusieurs jurisconsultes ont répondu (1) : Le raisonnement précédent n'est nullement décisif, car, la chose jugée portant sur la première action de bonne foi, peut être contraire à l'équité ; or, comme la *res judicata* ne fait pas l'objet d'une exception dans la seconde action de bonne foi et que, dès-lors, le *judex* devant statuer *œquo et bono*, n'est pas tenu de s'en inquiéter, il pourra donner gain de cause au demandeur s'il trouve que celui-ci avait raison dans le premier procès ; il procèdera, en un mot, comme s'il n'y avait pas chose jugée.

On peut encore ajouter des arguments positifs pour soutenir la négative. C'est dans Ulpien lui-même, auquel on a emprunté la loi précitée, qu'on peut aussi les trouver. Ce jurisconsulte (2) nous dit dans un autre passage que, malgré l'opinion contraire de Cassius, il a paru utile d'établir l'*exceptio metus* à côté de l'*exceptio doli mali ;* dans tel cas où l'*exceptio doli* est inapplicable, l'*exceptio metus* sera utilement opposée. Cela posé, nous pouvons tirer de ce paragraphe un correctif pour le sens à donner à la loi 2, §5, invoquée par la première opinion. S'il était, en effet, absolument vrai de dire qu'il y a toujours dol de la part du demandeur à attaquer un défendeur garanti par quelque exception que ce soit, il serait impossible que l'on ne pût pas, en toute hypothèse, rem-

(1) V. le *Cours de Dr. rom.* de M. Humbert.
(2) L. 4, § 33, Dig. *de doli mali.* (44, 4).

placer l'*exceptio metus* une fois établie, par l'*exceptio doli*; or, Ulpien dit tout le contraire.

Une constitution de Sévère et Antonin (1) prouve bien que l'exception de la chose jugée n'est pas toujours regardée comme fondée sur l'équité, puisqu'on peut la paralyser dans l'intérêt du demandeur par une exception *doli mali* : Voici le texte de cette constitution : *Licet judice accepto, cum tutore tuo egisti, ipso tamen jure actio tutelæ sublata non est; et-ideo si rursus eumdem judicem petieriris, contra utilem exeptionem rei judicatæ, si de specie de qua agis in judicio priore tractatum non esse allegas, non inutiliter replicatione doli mali uteris* (2).

La discussion se résume, en effet, comme le fait observer M. Demangeat, par ces mots de Papinien : *Qui æquitate defensionis infringere actionem potest doli exceptione tutus est.*

En résumé, sont seules sous-entendues dans les actions *bonæ fidei* les exceptions tendant à prouver la mauvaise foi de l'adversaire qui sont, par suite fondées elles-mêmes sur l'équité. Quant aux autres, elles doivent être insérées formellement, quelles que soient les actions auxquelles elles s'appliquent (3).

C'est là une dérogation importante à la règle générale, que les exceptions doivent être présentées *in jure* devant le Préteur.

Nous pouvons encore mentionner plusieurs autres cas où les exceptions pouvaient être opposées pour la première fois *in judicio*; ce sont les suivants :

1° Lorsque l'*exceptio* n'avait pris naissance qu'après la *litis contestatio* ;

2° L'exception basée sur le S. C. Macédonien (4) ;

3° L'exception en faveur de la femme qui invoquait les dispositions du S. C. Velléien (5) ;

4° En faveur du donateur, *qui conveniendus est in quantum facere potest et non ultra* (6) ;

(1) C. 2, Cod. Just., *de judiciis* (3, 1).
(2) L. 8, Dig., *de except. rei jud*, (44,2) : ( G. iv, 107 ), L. 7, D. *de exc.* (44,1).
(3) L. 23, § 3, Dig., *de cond. indeb.* (12,6).
(4) L. 11, Dig. ad. S. C. Mac. (14, 6).
(5) L. 8, § 2, Dig., ad. S. C. Vell. (16,1).
(6) L. 41, § ult., Dig., *de re judicat.* (42,1).

5ª Si le juge a condamné le mari par ignorance du Droit ;

6º Le fidéjusseur qui a un privilége ou une exception *de cedendu actione* (1) pouvait la proposer *in judicio* ;

7º Il en était de même pour le tuteur dans le cas prévu par le texte cité ci-dessous (2).

## DEUXIÈME SECTION

### De la preuve de l'exception.

Nous savons que dans l'ancien Droit, le procédé employé pour arriver à la présentation de la preuve, mettait le demandeur et le défendeur dans une position absolument égale. Le Droit postérieur, grâce à l'influence prétorienne qui attribua, comme on sait, une plus grande importance au fait de la possession, et qui favorisa d'une manière systématique la position du défendeur, introduisit le principe : *Semper necessitas probandi incumbit illi qui agit* (3). Le *reus* n'aurait-il pu prouver son droit sur la chose contestée, serait-il même évident qu'il n'a aucune espèce de raison pour retenir ce qu'on exige de lui, qu'il peut attendre sans crainte l'attaque de l'adversaire, si ce dernier n'est pas en position de prouver l'existence de son propre droit.

Mais si le demandeur a prouvé son *intentio* et que le défendeur veuille objecter certains faits particuliers qu'il prétend invoquer en sa faveur pour détourner les conséquences de la condamnation, il s'élève un nouveau conflit dans lequel celui-ci prend une véritable offensive : *Reus in exceptione actor est* (4). C'est pourquoi dans ce procès , nouveau en quelque sorte , il devra subir les conséquences du même principe : *Semper necessitas probandi incumbit illi qui agit* , parce qu'il veut maintenant changer le *statu quo* reconnu devoir être conforme à l'affirmation contenue dans l'*intentio*.

(1). L. 41 , § 1 , Dig., de *fidei*. ( 46,1 ).
(2) L. 1 , § 4 , Dig., de *contrar. tut. et util. act.* ( 27,4 ).
(3) Inst. Just. § 4 , de *legat.*, l. 21 , Dig. de *probat.* de Marcien (22, 3).
(4) L· 1 , Dig., de *except.* ( 44, 1 ), d'Ulpien.

Quelques auteurs, pour expliquer cet autre principe cité souvent en matière de preuves : *Ei incumbit probatio qui dicit non ei qui negat* (1), ont cru devoir faire observer que la logique regarde comme impossible la preuve d'une négation : *Negantis nulla probatio est* (2), d'où on a tiré cette conséquence erronée que le demandeur aussi bien que le défendeur, n'ont à prouver que leurs affirmations et non leurs négations. Le défendeur aurait à fournir la preuve des exceptions quand il se prétend victime d'un dol ou d'une violence, mais que s'il invoque l'exception *non numeratæ pecuniæ*, la charge de la preuve incombe non à lui, mais au demandeur. On en conclut encore que dans une action négatoire, le demandeur n'aura rien à prouver, le défendeur étant obligé, dans ce cas, d'établir l'existence du droit contesté.

A ce raisonnement nous devons répondre ; 1º L'expression *negantis nulla probatio est*, ne peut être traduite par la preuve d'un fait négatif est impossible. L'ensemble de la constitution de Dioclétien et de Maximin de laquelle ces mots ont été tirés nous démontre l'inexactitude de ce sens. Nous lisons en effet : *cum per rerum naturam factum negantis probatio nulla sit ;* ce qui signifie simplement : si deux littigants se trouvent en présence, l'un prétendant avoir un droit, l'autre le contestant, la preuve incombe tout naturellement à celui qui affirme et non à celui qui nie, *ei qui dicit non ei qui negat*. Si les rôles sont intervertis, si, de son côté, le défendeur avance une allégation, il devient, à son tour, *ille qui dicit*, par suite il devra prouver l'exception ; 2º De plus, affirmer d'une manière absolue, la preuve d'un fait négatif est impossible, n'est pas s'exprimer exactement. La preuve négative n'est réellement impossible que si elle porte sur un objet indéfini et, dans ce cas, devant le juge, on trouverait le moyen de circonscrire la discussion en la précisant par une *interrogatio in jure*. Ainsi entendue, notre règle se trouve en harmonie avec les autres principes en matière de preuve, la loi 25 de *probationibus* offre un exemple d'un fait négatif, l'*indebitum* que doit prouver le demandeur à la *condictio indebiti*, si le défendeur

(1) L. 2, Dig. de *probat.* ( 22,3) de Paul.
(2) C. 23, Cod. 3, de *Probat.* ( 4-19 ), de Dioclétien et Maximin.

n'a pas nié la réception de la chose répétée. Quant à l'argument tiré de l'exception *non numeratæ pecuniæ*, il tourne contre ceux qui l'invoquent, puisque précisément dans ce cas il y a dérogation à la règle générale sur la preuve.

Le défendeur qui recourt à une exception pre¬d le rôle de demandeur, puisqu'il veut innover sur le *statu quo* et il devra logiquement faire la preuve de ses dires : *qui excipit probare debet quod exipitur* (1), ce qu'Ulpien exprime autrement en disant : *agere is videtur qui exceptione utitur nam reus in exceptione actor est* (2).

### TROISIÈME SECTION

#### Exposé des motifs et fondement de l'exception dans le système formulaire.

Les exceptions sont-elles essentiellement une institution préto-rienne; ont-elles exclusivement pour but l'application des princi-pes de l'*æquitas*, en contradiction avec le *jus civile;* existe-t-il des exceptions fondées sur le Droit civil proprement dit ; d'autres enfin qui n'ont pas pour but la protection de l'*æquitas* ?

La solution de toutes ces questions a donné lieu à une très-vive controverse ; deux opinions se trouvent en présence.

1er *Système* (3). — Le Préteur seul a créé des exceptions propre-ment dites; ce qui le démontre tout d'abord, c'est qu'il n'en existait pas sous le régime des *legis actiones*, et de plus ce sont les termes même dont se servent les auteurs romains pour qualifier ces moyens.

(1) L. 3. dig. *de probat* (22,3).

(2) L. 1. Dig. *de except.* (44,1). D'où les expressions : *jus*, *remedium*, *auxi-lium exceptionis*. C'est ainsi que les jurisconsultes disent en parlant de l'effet de l'exception contre le demandeur, *submovere*, *removere*, *excludere*, *repellere*, *opponere*, *objicere ;* et pour le défendeur : *tueri*, *defendere*, *adjuvare*, *subve-nire*, *succurere*, *competere*, et *consulere*.

(3) Albrecht, Zimmern et du Caurroy, en sont les partisans les plus connus; tout récemment, M. Krueger, dans son livre : *Processualische Consumtion und Rechtskraft des Erkenntnisses ;* Leipzig 1864, a essayé de faire valoir les mêmes idées que ses devanciers.

Cicéron appelle les exceptions *prætoriæ* (1) ; qu'est-ce à dire, si ce n'est que le Préteur seul les a introduites et développées dans la procédure romaine ? Un autre texte inséré au Digeste (2) est tout aussi formel : *quod jure civili debebat, jure prætorio non debebat, id est per exceptionem* ; ce qui prouve bien que ce n'est que dans sa juridiction que le Préteur allait chercher la base de ses moyens de défense, appelés, à cause de cela, prétoriens. Si le Droit civil a donné quelquefois une matière d'exception, *substantiam exceptionem*, comme dit Gaius (3), il ne l'a fait que d'une manière indirecte par des dispositions ne produisant pas d'effet immédiat, *leges imperfectæ*, par des constitutions et des sénatusconsultes, dont la mise à exécution dépendait encore de l'autorité prétorienne.

Ces auteurs ajoutent encore : les exceptions n'ont eu pour but que d'assurer le triomphe de droits indépendants basés sur l'équité ; nous voyons, en effet, que les Romains sont unanimes pour confondre le droit garanti par l'*exceptio* avec le *jus æquitatis*. Cicéron se sert d'expressions qui sous-entendent toujours cette idée : *de excipienda iniquitate actionis, de comparanda æquitate* (4), *de æquitate opponenda* (5). Gaius exprime le même motif quand il nous dit : *Comparatæ sunt autem exceptiones defendorum eorum gratia cum quibus agitur, sæpe enim accidit, ut quis jure civili teneatur, sed iniquum sit, eum judicio condemnari* (6).

L'exception est donc bien évidemment un moyen d'équité, et Gaius ne sait pas nous en donner un meilleur exemple qu'en prenant pour type de ces moyens de défense l'exception de dol : *Si in ea re nihil dolo malo Auli Agerii factum sit neque fiat* (7).

(1) Cic., *de Invent.* (2, 19).
(2) L. 3, § 1, Dig., *de const. pec.* (13, 5).
(3) Gaius IV, 118.
(4) Cic. *Or.*, part. 28, 100.
(5) Cic., ibid., 29, 102.
(6) Gaius IV, 116.
(7) Gaius, § 119, ibid.

2ᵉ *Système* (1). — La solution de ces questions, telles que nous venons de les exposer ci-dessus, est reconnue en partie exacte , mais erronée dans la généralisation trop absolue de certains principes dont on fait une application trop exclusive.

« Il est bien vrai de dire que le Préteur est vraiment l'organisateur de l'*exceptio* , mais pourtant, nous devons faire observer que les droits indépendants qui plus tard firent l'objet d'une exception , furent protégés, du temps des actions de la loi, au moyen de *sponsiones*, qui tenaient lieu de défense indirecte. »

D'autre part, comment expliquer, dans le système adverse , les termes si précis de Gaius : *Exceptiones autem alias in edicto Prætor habet propositas, alias causa cognita accommodat quæ omnes vel ex legibus vel ex his , quæ legis vicem optinent substantiam capiunt, vel ex juridictione Prætoris proditæ sunt* (2).

Devant ce résumé complet , comment tenter d'imposer à la pensée de Gaius une restriction singulière à laquelle il songeait si peu, qu'il met en première ligne , dans son énumération , les exceptions dérivant des lois proprement dites , et relègue au second plan les exceptions purement prétoriennes ? Dès lors, nous avons le droit de dire que c'est une pure conjecture que de prétendre que les exceptions prétoriennes sont seules de véritables exceptions, et que les exceptions civiles sont des pseudo-exceptions créées par simple imitation. L'objection tirée de ce que la mise à exécution des constitutions et des *leges* dépendait de l'autorité du Préteur est sans aucune valeur ; car son intermédiaire était nécessaire même pour l'application des moyens directs tirés de l'*ipsum jus*.

La *jurisdictio* du Préteur s'exerçait aussi bien à l'égard du demandeur pour ses moyens *ipso jure* , par la délivrance de la formule, qu'à l'égard du défendeur par l'insertion d'une *exceptio* en sa faveur.

Le second argument invoqué à l'appui du premier système pèche

(1) Cette opinion , présentée d'abord par Savigny, a été adoptée par la généralité des auteurs ; *vid.* Demangeat , Institutes , *des Exceptions ;* Cours de M. Humbert, déjà cité.

(2) Gaius iv, 118.

également par trop de généralité ; il est sans doute vrai que l'objet
principal de la clause d'exception est destinée à faire prévaloir
l'équité contre le Droit civil, mais c'est se tromper que d'affirmer
sur le témoignage incomplet de Gaius que cet objet est exclusif.
Gaius et après lui Justinien, écrivant des ouvrages destinés à l'enseignement du Droit, *cupidæ legum juventuti*, se sont hâtés de
mettre en lumière la cause la plus ordinaire qui nécessitait l'emploi de l'exception.

Or, si nous recourons au Digeste, à côté des exceptions *doli
mali, metus, non numeratæ pecuniæ, pacti conventi*, désignées
comme fondées sur l'équité, nous en trouverons d'autres qui
n'auront pas cette base. Nous verrons d'ailleurs le défendeur se
défendre indirectement par l'allégation de circonstances dont la
considération ne sera pas tirée de l'équité, mais de certaines
nécessités d'ordre social, de crédit public, du respect dû aux
croyances religieuses qui, bien qu'en conflit avec l'équité, engendrent des droits que les lois et le Préteur lui-même ont revêtus de
la sanction de l'*exceptio*.

Deux exemples que nous trouvons dans les Institutes de Justinien et de Gaius viennent confirmer surabondamment cette
manière de voir.

Examinons d'abord la nature de l'exception de la chose jugée (1).
Cette exception a pour fondement véritable des raisons d'utilité
sociale et non d'équité : il n'échappe à personne que bien que le
jugement soit passé en force de chose jugée, le droit qui en
résultera pour le défendeur n'a pas forcément le caractère tel
qu'on puisse dire qu'il serait *iniquum condemnare*. Le juge, en
effet, a pu être victime d'une erreur ou même peut-il avoir ignoré
le droit. Cela est si vrai qu'à l'exception de la chose jugée, on peut
en certains cas opposer une réplique de dol.

Il en est de même pour le serment; peut-on dire que le droit
qui résultait de sa prestation fût basé sur l'équité, quand on songe
que la preuve acquise du parjure n'en pouvait détruire l'effet
juridique?

L'exception du S. C. Vellélen est aussi admise plus par bien-

_____

(1) G. III, 181. IV, 106.

veillance pour la personne favorisée que par un motif de pure
équité.

L'exception du S. C. Macédonien se trouve dans les mêmes
conditions ; créée *in odium ejus cui debetur*, sous prétexte de
mettre un frein aux folles prodigalités des fils de famille, elle
pouvait parfois spolier iniquement un honnête créancier dont la
bonne foi avait été surprise. L'*exceptio legis Cinciæ* n'a pour but
que de conserver le patrimoine de la famille ; n'y a-t-il pas dans
tous ces moyens plus de raisons d'utilité politique que d'équité ?

Il résulte, de ce deuxième système, que cette institution n'a
pas eu seulement cette utilité, ce but restreint qu'on voudrait
lui assigner. Il n'est pas vrai de prétendre, dit-on, que les
exceptions aient été exclusivement créées pour régler les conflits si nombreux surgissant entre l'*æquitas* et le *jus civile*,
mais il n'est pas plus vrai de dire que le Droit civil n'a pas créé
de véritables exceptions.

Ce qui est vrai, c'est que l'exception fut une institution, au
moyen de laquelle furent protégés des droits indépendants ayant
une individualité parfaitement distincte.

Nous répondrons à ce deuxième système :

1° L'ancienne procédure ne connaissait pas de vrais moyens
indirects, les raisons tirées des *sponsiones* pour démontrer l'existence des exceptions dans la première époque du Droit romain reposent sur des conjectures trop hasardées pour fonder un argument sérieux ; de plus les moyens usités pour éviter l'emploi des
exceptions ont été déjà exposés ci-dessus.

2° L'invocation du paragraphe 118 de Gaius est basée sur la
mé... aissance de la sphère d'action du droit prétorien. Le rôle
du Préteur ne consiste pas seulement à restreindre l'influence du
Droit ... ou en corriger ce qu'on est convenu d'appeler sa ri-
gueur, mais encore et surtout, nous pourrions peut-être ajouter à
en assurer l'exécution : *Jus prætorium est quod prætores introduxe-*
*runt adjuvandi vel supplendi vel corrigendi juris civilis gratia,*
*propter utilitatem publicam* (1).

(1) L. 7, § 1. Dig. *de just. et jure* (1,1).

Par conséquent le Préteur en tirant les motifs d'une exception, *substantiam*, du Droit civil, ne faisait pas moins du droit
prétorien; la destination primitive et immédiate de la loi était
transformée; un moyen d'attaque devenait un moyen de défense
c'est de là que naissait l'exception. C'est dans ce sens qu'on doit
expliquer l'introduction des exceptions *legis Cinciæ, Plœtoriæ*, du
sénatus-consulte Velléien, Macédonien, Trébellien, *justi dominii,
solutionis* contre l'action hypothécaire, etc., etc. Ainsi entendu,
le paragraphe 118 de Gaius ne doit pas nous empêcher de voir
dans l'exception une institution purement prétorienne, sans vouloir exclusivement en chercher les bases dans des considérations
d'équité. Nous n'avons pas besoin de soutenir que le Préteur ten-
dait toujours à faire prévaloir l'*œquum jus* par la délivrance de
ses exceptions ; il pouvait aussi se laisser mouvoir par des considérations d'utilité publique, *propter utilitatem publicam*. Prétendre que le *jus civile* a créé des exceptions nous semble en contradiction avec toute l'histoire du Droit romain, avec les principes qui
ont présidé au développement de la procédure et avec les attribu-
tions mêmes de la magistrature prétorienne.

## CHAPITRE II.

### Énumération des principales exceptions.

#### § 1. — *De l'exception de dol.*

On appelle dol toute manœuvre frauduleuse ayant déterminé
une erreur préjudiciable. Si quelqu'un a contracté sous l'empire
du dol, il n'en sera pas moins tenu en Droit civil, et la *condictio*
sera valablement intentée contre lui ; d'abord parce que le dol ne
vicie pas toujours le consentement d'une manière absolue, ensuite

parce que le fondement principal de l'obligation en Droit romain consistait surtout dans l'existence de la *causa civilis*.

Ces conséquences juridiques ne parurent pas toujours conformes à l'équité, et le Préteur pour empêcher la condamnation inique du défendeur accorda à celui-ci l'*exceptio doli* qui put être opposée à l'action *in rem* comme à l'action *in personam*. Le dol n'engendre des effets sur la validité du contrat que parce qu'il induit en erreur une partie contractante.

Si l'erreur porte sur l'objet ou sur la nature du contrat, l'accord des volontés n'existant plus, il ne peut se former de *vinculum juris* et il n'est pas alors nécessaire de recourir à une exception ; le Droit civil pur donnait au défendeur des moyens de défense suffisants en lui permettant de contredire directement la demande.

S'il s'agit, au contraire, d'une erreur sur la cause finale, si, par exemple, me croyant débiteur de Titius je promets à Maevius son créancier de payer la somme que Titius lui doit, je repousserai les poursuites dirigées par Maevius contre moi, si je prouve que c'est par erreur que je me croyais débiteur de Titius, au moyen de l'exception dol (1).

Dans les actions de bonne foi l'exception de dol était toujours sous-entendue. Du dol pouvait aussi naître une action *de dolo* si la partie trompée voulait ou devait prendre l'offensive ; la défensive était pourtant beaucoup plus avantageuse car, l'action ne durait qu'une année, tandis que l'exception était perpétuelle.

A qui peut-on opposer l'exception de dol ?

Cette exception est dite *in personam* en ce sens qu'on ne peut l'opposer que contre la partie qui a commis le dol ou contre son héritier. C'est pourquoi le nom du demandeur à l'action figure dans la formule de l'exception : *Si in ea re nihil dolo malo Auli Agerii factum sit* (2). On admit une dérogation à cette règle en permettant de l'opposer à l'ayant-cause à titre gratuit de l'auteur du dol. Le défendeur se trouve ici particulièrement favorisé parce qu'il se défend pour éviter de perdre : *certat de damno vitando*,

(1) L. 7, Dig. *de dol. mal. excep.* (44,4), l. 17, Dig. *eod. tit.*
(2) Gaius iv, 119 ; l. 21, § 1, Dig. *de dol. mal.* (44,4).

tandis que le demandeur ne cherche uniquement que la réalisation d'un bénéfice : *certat de lucro captando*.

Au lieu de recourir à l'*exceptio doli*, le lésé pouvait demander une exception *in factum*, c'est-à-dire faire poser le fait d'où résulte le dol comme condition subsidiaire de son absolution. Il allègue, par exemple, que le demandeur lui avait promis de ne lui rien réclamer; le Préteur procèdera ainsi à la rédaction de l'exception : *si non convenit ne ea re peteretur* (1).

Les devoirs du juge ne sont pas les mêmes, selon que l'exception de dol revêt l'une ou l'autre forme. Dans l'*exceptio doli* proprement dite, le juge portera son appréciation sur les faits dont il connaîtra, en examinant si les caractères du dol s'y trouvent réunis.

Si, au contraire, l'action est *in factum*, le *judex* n'a qu'à vérifier l'existence d'un fait sans l'apprécier dans son caractère légal ; il se borne à obéir à l'injonction contenue dans la formule.

L'exception de dol est infamante si elle est opposée avec succès contre le demandeur ; il n'en est pas de même de l'exception rédigée *in factum*.

De cet effet rigoureux fut tirée une limitation dans l'emploi que le défendeur pouvait faire de l'une ou de l'autre exception. C'est ainsi qu'on ne put opposer que l'exception *in factum* à certaines personnes auxquelles on devait légalement le respect, telles qu'un ascendant ou un patron (2).

L'exception de dol était une *exceptio generalis*, c'est-à-dire qu'elle pouvait tenir lieu de toutes les autres exceptions fondées sur l'équité ; le dol comprenant tout ce qui est contraire à la bonne foi. C'est ainsi que, par l'exception de dol, on rend efficace le droit de rétention, qui est un moyen indirect de faire valoir une obligation naturelle résultant des dépenses qui ont été faites sur la chose d'autrui (3).

Elle est aussi un moyen d'opérer la compensation. Elle fut encore employée pour tourner l'application de ce principe du

1) Gaius iv, 119 ; Ulp., l. 7, § 4, Dig., *de dol. malo* (44, 4).
(2) L. 2, § 4, 5 ; l. 4, § 16, Dig., *de dol. mal.* (44, 4).
(3) C. 11, Cod. Just., *Depositi* (4, 33).

Droit civil, d'après lequel un droit soit *in rem*, soit *in personam*, ne pouvait être établi *ad tempus* : *ad tempus deberi non potest*. Une servitude était-elle constituée *ad tempus*, elle n'en était
pas moins perpétuelle, d'après le Droit civil, et ce n'était que
par le secours du Préteur que l'ayant-droit pouvait la faire cesser,
en opposant l'exception de dol au propriétaire du fonds domi-
nant (1).

A quelle époque le dol doit-il avoir lieu pour fournir la base
d'une exception ?

Il n'est pas nécessaire qu'il ait été commis à une époque antérieure à la *litis contestatio*. Il y a toujours dol de la part du demandeur à persister dans une exigence dont il aperçoit l'ini-
quité (2). On pourra donc opposer le dol concomitant à la *litis
contestatio* (3). On opposera encore avec succès l'*exceptio doli* au
pupille qui réclame une somme qu'il serait obligé de restituer immédiatement.

Gaïus nous donne un autre exemple d'application de cette
exception : « Si sciemment vous achetez d'un non-possesseur un
fonds litigieux, et qu'ensuite vous le demandiez au possesseur, il
vous opposera une exception au moyen de laquelle vous serez
complètement repoussé » (4). Justinien alla plus loin dans cette
voie, en décidant la nullité de l'acquisition d'une *res litigiosa*,
soit que la vente soit faite par le demandeur ou par le défendeur,
soit que l'acheteur connaisse le vice de la *res litigiosa* ou qu'il
l'ignore (5).

L'exception de dol ajoutée à la formule d'une action arbitraire
ou de droit strict, suffit-elle pour la transformer en action de
bonne foi ?

Les auteurs sont divisés sur ce point, et voici l'état de la controverse.

(1) L. 1 pr., Dig., *de Servitut.* (8, 1);
(2) Ulp., l. 30, Dig., *de verb. obligat.* (45, 1); l. 2, §§ 3, 8, *de dol. mal.*
(44, 4).
(3) Inst. Just., §§ 30, 31, *de Div. rer.* (2, 1);
(4) Gaïus IV, 117.
(5) C. 4, Cod. Just., *de litigiosis* (3,37).

B

Première opinion. — L'exception de dol insérée dans la formule d'une action arbitraire suffit pour la rendre de bonne foi. A l'appui de cette opinion, on invoque les arguments suivants :

1º L'insertion de cette exception impose au juge l'obligation d'examiner s'il y a dol de la part du demandeur à maintenir sa prétention et de la part du défendeur qui s'y oppose ; il en est exactement de même dans les actions de bonne foi. Bien que la formule n'enjoigne expressément au *judex* que de reconnaître : *Quidquid reum actori dare facere oportet bona ex fide* (1) , il doit cependant rechercher, en outre : *Quidquid paret me tibi, atque te mihi bono fide præstare oportere* (2).

2º Ce raisonnement se trouve confirmé par le texte suivant de Papinien : *Seia quum bonis suis, traditionibus factis, Titio cognato donationis causa cessisset, usumfructum sibi recepit et conrenit : ut si Titius ante ipsam vita decessisset proprietas ad eam rediret : si postea superstitibus liberis Titii mortua fuisset, tunc ad eos bona pertinerent ; igitur si res singulas heredes Lucii Titii rindicent doli non inutiliter opponetur exceptio ; bonæ fidei autem judicio constituto quærebatur, an mulier promittere debeat, se bona, quum moreretur, filiis Titii restituram* (3). L'exception de dol étant opposée par Seia aux héritiers de Titius qui revendiquent contre elle, l'action prend le caractère de *bonæ fidei ;* ce qui permet au juge d'examiner si les demandeurs auxquels la demanderesse objecte : vous êtes de mauvaise foi si vous ne respectez pas la clause du contrat de donation portant que la propriété me reviendra à la mort de votre auteur, ne pourront pas répliquer à leur tour que Seia elle-même sera de mauvaise foi si elle veut les frustrer des droits qu'ils ont acquis par la succession du *de cujus.* C'est pourquoi le juge devra aussi décider la question de savoir si Seia à sa mort ne devra pas restituer les biens aux héritiers de Titius.

L'insertion de l'exception de dol dans la formule d'une action

---

(1) Gaius iv, 47.
(2) Gaius iv, 158.
(3) L. 42, Dig., *de mort. caus. donat.* ( 39, 6 ).

*stricti juris* a aussi le même effet de la transformer en action de bonne foi.

D'après les mêmes auteurs le premier argument proposé pour l'action arbitraire reste applicable à l'action *stricti juris.*

On invoque de plus un passage de Paul qui prévoit l'espèce suivante (1) : Une femme va se marier ; elle croit avoir un débiteur ; celui-ci, sur l'ordre de la femme, sans pourtant rien devoir, se laisse déléguer au futur mari, et il s'engage vis-à-vis de lui par stipulation. Si les noces surviennent et si le mari délégataire poursuit *ex stipulatu* le débiteur délégué, ce dernier ne pourra opposer l'*exceptio doli* ; car le mari gérant sa propre affaire ne saurait être victime d'une déception : épouser une femme *indotata* alors qu'il lui croit une dot assurée par la dette d'un tiers. Dès lors, dit le texte, le délégué aura contre la femme délégante la *condictio indebiti* pour répéter d'elle ce qu'il aurait payé au mari, ou s'il n'a rien payé, pour obtenir sa libération. Mais le jurisconsulte ajoute : *Sed si soluto matrimonio maritus peteret, in eo dumtaxat exceptionem obstare debere quod mulier receptura esset.* Paul semble donc bien admettre que l'effet de l'insertion de l'exception de dol dans la formule de l'action *ex stipulatu* sera d'entraîner sinon une compensation proprement dite, du moins une réduction du chiffre de la condamnation, tout comme dans les actions de bonne foi.

D'ailleurs, fait encore observer M. Pellat, il ne faut pas prendre dans un sens trop absolu l'une et l'autre de nos propositions. La division des actions en *stricti juris* et *bonæ fidei* n'est en réalité qu'une subdivision des actions personnelles, dans laquelle n'entrent pas les actions réelles (arbitraires). Cela dit, même en ne s'occupant que des actions personnelles, si à la formule d'une action *stricti juris, condictio certi, ex mutuo, ex stipulatu* le défendeur fait ajouter une *exceptio doli in factum* parce que le demandeur agit contrairement à un pacte *de non petendo*, cette action ne va pas par cela même devenir à tous égard une action *bonæ fidei*, de manière, par exemple, que le demandeur puisse exiger les fruits ou les intérêts à raison de la demeure, mais seule-

_____

(1) L. 9, § 1, Dig. *de cond. caus. dat.* (12,4).

ment en ce sens que le demandeur pourra, sans le recours d'une *replicatio* expressément proposée dans la formule, invoquer un pacte postérieur abrogeant le premier et portant *ut petere licere*. Si au lieu de l'*exceptio doli* le défendeur eût obtenu l'*exceptio pacti*, il eut été nécessaire pour le demandeur d'obtenir une *replicatio* du Préteur, *replicatio doli*, s'il avait voulu alléguer une manœuvre frauduleuse du débiteur, ou une *replicatio pacti*, s'il avait voulu opposer une nouvelle convention dérogeant à la première. En prétendant que l'*exceptio doli* a pour effet de rendre *bonæ fidei* l'action arbitraire ou *stricti juris* dans laquelle elle est insérée, on doit l'entendre dans ce sens que le demandeur sera dispensé à son tour de solliciter l'insertion d'une réplication et que si cette insertion n'avait pas lieu, sa négligence ne lui nuirait aucunement.

Sous tous les autres rapports, les mêmes auteurs conviennent que l'action conserve son caractère *stricti juris*. C'est seulement en acceptant ces données comme vraies qu'on peut expliquer d'une manière satisfaisante la constitution suivante de l'empereur Antonin : *Adversus fratrem tuum quondam tutorem legitimum tutelæ judicio si expertus non es, proposita actione consiste, nec timueris exceptionem pacti, si in ea fraudem dolumque admissum probare potes ; nam replicatio doli opposita, bonæ fidei judicium facit, et commentum fraudis repellit* (1).

L'action de tutelle étant déjà *bonæ fidei* dans quel sens l'empereur a-t-il dit que par la *replicatio doli* l'action devient de bonne foi ? On peut l'expliquer de la manière suivante : L'action de tutelle contient par elle-même l'exception et la réplication de dol ; dès lors, insérer malgré cette qualité une exception de dol expresse semblerait inciter le juge à ne pas tenir compte du dol que le demandeur pourrait alléguer à son tour. C'est pour éviter ce danger qu'on insère la *replicatio doli* qui assurera l'exercice du droit du demandeur et dont le rôle sera par suite de rendre en quelque sorte à l'action le caractère de bonne foi qu'elle semblait avoir perdu au regard de l'*actor*. Ces explications, avec les réserves faites par M. Pellat, nous semblent très-vraisemblables.

(1) C. 9, Cod. Just. *de excep.* (8,30).

2ᵉ OPINION. — L'exception de dol inséré dans la formule d'une action arbitraire ne suffit pas pour la rendre de bonne foi.

Pour réfuter les expressions du texte de Papinien invoqué ci-dessus : *bonæ fidei autem judicio constituto*, d'autres auteurs prétendent qu'elles n'indiquent pas la transformation de la revendication intentée par les héritiers de Titius contre Seia en un *judicium bonæ fidei*, mais ces mots feraient allusion à une action de bonne foi que Seia proposerait séparément contre ses adversaires ; le texte devrait être ainsi traduit : mais une action de bonne foi étant intentée, etc.

Remarquons tout d'abord que si telle avait été la pensée de Papinien, il aurait dû dire *proposito* ou *instituto* au lieu de *constituto*. Ce jurisconsulte ne parlerait pas d'une nouvelle action de Seia sans dire au moins un mot, en passant, de cette nouvelle complication de l'affaire ; or, il ne donne pas même le nom de l'action.

Les défenseurs de ce deuxième système ont alors recours à un autre argument, en cherchant à prouver une interpolation de Tribonien, qui aurait effacé précisément le nom de cette action. Partant de cette supposition hardie, ces auteurs ne s'accordent plus pour donner le nom à cette action ; selon les uns, il s'agirait de la *petitio hereditatis*, suivant les autres de l'*actio fiduciæ* ou de l'action *in factum præscriptis verbis*.

Ces affirmations ne reposent, en somme, que sur des conjectures plus ou moins ingénieuses, notre texte ne parlant que d'actions en revendication, sans porter des traces certaines d'une interpolation. L'opinion de Dosithée, traducteur des recueils de Justinien, milite aussi fortement contre l'idée d'un changement introduit par Tribonien dans le texte controversé (1).

Pour la transformation de l'*exceptio stricti juris* en *bonæ fidei*, on peut invoquer la loi 9, § 1ᵉʳ, de Paul, déjà citée. L'argument tiré des principes généraux peut aussi bien trouver son application pour les actions *stricti juris* que pour les actions arbitraires.

Ne pourrions-nous pas ajouter pourtant que l'obscurité résultant

(1) *Basiliques*, XLVII, (3, 12) t. VI, p. 213. *Schol.* h. t.

de l'insuffisance des textes sur cette matière, la coordination, souvent incomplète et illogique des textes des jurisconsultes classiques, et quelquefois même leur mutilation, n'est que la conséquence du changement survenu dans les principes fondamentaux de la procédure, dès que le système formulaire eût disparu devant la procédure extraordinaire? Nous énonçons ici un doute que nous essayerons d'éclaircir dans l'exposé de la nature de l'exception sous le régime de la procédure extraordinaire.

## § II. — *De l'exception de compensation.*

Nous avons déjà vu que l'ancien Droit n'admettait que deux cas de compensation....., pour l'*argentarius* et pour le *bonorum emptor;* nous allons exposer en quelques mots le fonctionnement de ce droit, comme moyen de défense, spécialement dans le système formulaire.

Lorsqu'un individu, Primus, poursuit Secundus en payement d'une créance, si, à son tour, Secundus est aussi créancier de Primus, il peut naître un rapport qui modifie l'existence de la première dette. De ce fait est né le droit de compensation, ainsi défini par Modestin : « *Debiti et crediti inter se contributio;* » la balance établie entre deux dettes et deux créances réciproques (1).

Le Préteur commença par admettre le droit à la compensation dans les actions de bonne foi, en vertu du principe : *Dolo petit qui statim redditurus est.* Encore fallait-il, pour que le *judex* pût connaître de ce droit, que les deux dettes vinssent *ex eadem causa*, que l'action fût de bonne foi et les deux dettes exigibles : cela dérivait de la rédaction de la formule, qui enjoignait au *judex* de décider *quidquid ob eam rem paret facere oportere*, en s'en tenant aux termes mêmes de l'*intentio*.

Mais, depuis Marc-Aurèle, le droit à la compensation fut com-

(1) L. 1, Dig. *de compens.* (10, 2).

plétement généralisé. Déjà Julien avait proposé d'accorder au débiteur, en vertu d'un contrat *stricti juris*, la faculté de compenser des créances *ex alia causa* à l'aide de l'exception de dol qu'il opposerait au créancier poursuivant (1). Cette opinion de Julien fut sanctionnée par un rescrit de Marc-Aurèle dont il est fait mention aux Institutes de Justinien (2).

Dès ce moment, la compensation *ex alia causa* dût être admise à l'aide d'une exception sous-entendue dans les actions de bonne foi, et ainsi conçue : *Nisi in ea re nihil dolo malo Auli Agerii factum sit vel fiat.*

Quel devra être l'office du juge?

Si les dettes ne sont pas liquides, il éclaircira les comptes et il opèrera la balance des deux dettes, en s'occupant de la vérification de l'exception. Quand les deux dettes sont liquides et fongibles, peut-on dire, pour la période qui s'écoula depuis Marc-Aurèle jusqu'à Justinien, qu'il y a compensation légale et que, par suite, elle n'est pas l'œuvre du juge?

L'affirmative, soutenue d'abord par le glossateur Martinus et ensuite par Cujas, a de nouveau trouvé quelques défenseurs en Allemagne. On fait valoir en sa faveur les arguments suivants :

1° Le texte suivant de Paul : *Compensatio debiti paris speciei et ex causa dispari admittitur velut si pecuniam tibi debeam et tu mihi pecuniam debeas, aut frumentum, aut cetera hujus modi, licet ex diverso contractu compensare vel deducere debes; si totum petas, plus petendo causa cadis* (3). D'où il semble résulter que la compensation légale forcée qu'on avait imposée à l'*argentarius* est maintenant devenue la règle générale et la *plus petitio* en est la sanction.

2° La loi 4 de *compensationibus* : « *Verum est quod et Neratio placebat et Pomponius ait: ipso jure eo minus fidejussorem ex omni contractu debere, quod ex compensatione reus retinere potest; sicut enim quum totum peto a reo, male peto, ita et fidejussor non tene-*

---

(1) L. 10, § 3, Dig. de compensat. (16, 2).

(2) Inst. Just. § 30, de actionib. (1, 6).

(3) Paul, Sent. § 3, de pignoribus, lib. II, tit. v.

*tur ipso jure in majorem quantitatem, quam reus condemnari potest.* »

D'où il résulte que le fidéjusseur est libéré quand la compensation a lieu en faveur du débiteur principal, et cette libération s'opère *ipso jure.*

3° La loi 10, *Pr. eod lit.*, s'exprime ainsi : « *Si ambo socii parem negligentiam societati adhibuimus, dicendum est, desinere nos invicem esse obligatos, ipso jure compensatione negligentiæ facta. Simili modo probatur, si alter ex re communi aliquid percepit, alter tantam negligentiam exhibuerit quæ eadem quantitate æstimatur, compensationem factam videri, et ipso jure invicem liberationem.* »

4° Un passage du jurisconsulte Paul, formant la loi 21 *de compensationibus* : « *Posteaquam placuit inter omnes, id, quod invicem debetur, ipso jure compensari, si procurator absentis conveniatur, non debebit de rato cavere, quia nihil compensat, sed ab initio minus ab ea petitur.* »

Ce passage forme l'argument capital de ce système.

5° Ce qui confirme la généralité de la loi précitée ce sont les termes de la constitution 4, au C. de Just. *de compens.* (4, 31), desquels on conclut que la compensation produit des effets analogues à ceux du paiement. Or, le paiement détruit la dette par la seule force de la loi, il en est donc de même de la compensation.

Le système contraire nous semble plus conforme à la tradition du Droit romain. Les arguments que nous venons de développer, donnent prise à de très-sérieuses objections.

1° Nous pouvons suspecter avec beaucoup de raison l'exactitude du texte des sentences de Paul. Il nous est parvenu par l'intermédiaire du Bréviaire d'Alaric, dans lequel il a subi de fréquentes mutilations, et c'est ici très-vraisemblablement le cas. On voit, en effet, placées sur la même ligne la *compensatio* et la *deductio* que Gaius distingue pourtant avec le plus grand soin (1). Mais les Visigoths n'ayant ni *argentarius* ni *bonorum emptor* ont fait là un rapprochement erroné. Le texte primitif avait sans doute trait à l'*argentarius*, puisqu'il n'y est question que de créances *ex pari*

(1) Gaius. IV, 64, 66.

*specie* (1), c'est ce qui est pleinement confirmé par la fin du paragraphe 3.

2° Quant à l'argument tiré de la loi 4 *de compens.* et de la généralité de ses termes, il ne peut être d'une bien grande valeur, car
la loi 5 suppose immédiatement après que la compensation pouvait
ne pas profiter au fidéjusseur; d'où il suit que la loi devait évidemment se rapporter à l'hypothèse spéciale de l'*argentarius*,
avant le remaniement général des textes relatifs à la compensation,
entrepris par Tribonien.

3° Les associés étant tenus d'exécuter le contrat de société *ex
fide bona*, les exceptions étaient sous-entendues dans l'action ; la
loi 10 *de compens.* ne peut vouloir dire autre chose.

4° La loi 21 *cod. tit.* a été altérée pour la mettre en harmonie
avec l'innovation de Justinien en cette matière (2). Ce qui le
prouve, c'est qu'elle semble admettre la *plus petitio*, dans tous les
cas, alors qu'elle n'était possible que dans les actions *stricti juris*.
L'expression *inter omnes* a remplacé le nom de la classe d'actions
à laquelle s'appliquait la compensation.

5° La constitution 4 *de compens.* de l'empereur Alexandre, portant que la compensation éteint la dette *ipso jure*, comme le
paiement, est aussi altérée. Nous en tirons la preuve de la loi 10,
Dig. *de duobus reis* (45, 2) : si la compensation opérait légalement
comme le paiement, un des *correi debendi* devenant créancier du
créancier commun, lui et les autres *correi* seraient libérés tous
ensemble, qu'il y ait ou non société. Or, la loi 10 précitée nous
apprend qu'il n'en était pas ainsi.

Voici maintenant quels sont les arguments directs proposés à
l'appui de l'opinion contraire à celle que nous venons d'exposer.

Si du temps des jurisconsultes classiques, la compensation
avait opéré *ipso jure*, jamais un défendeur n'aurait pu, s'il était
créancier du demandeur, ne pas opposer la compensation, afin
de le poursuivre plus tard par une action indépendante. Or, une
pareille supposition serait en contradiction formelle avec la loi 1,
§ 4, Dig., *de tutelæ et rationib. distrah.* (27, 3).

(1) Comp. Gaius, *loc. cit.*
(2) C 11, Cod. *de compens.*

Un auteur allemand, M. Brinz, reculant devant les conséquences exagérées du système que nous combattons, propose de dire. que depuis Marc-Aurèle, tous les créanciers réciproques furent assimilés aux *argentarii*, menacés de la *plus petitio*, s'ils n'opéraient pas la compensation (1). Mais pour suivre logiquement ce système, il faudrait dire que la *plus petitio* devrait être aussi possible dans les actions de bonne foi; l'impossibilité de ce résultat est une raison décisive contre l'opinion de M. Brinz.

En résumé, la compensation, d'après le rescrit de Marc-Aurèle, aboutit à une exception sous-entendue dans les actions de bonne foi, et formellement indiquée dans les actions *stricti juris*.

Quel est, dès ce moment, le résultat de l'*exceptio doli mali* insérée dans une action de droit strict, si le juge, après vérification faite, reconnaît que le défendeur a une créance contre le demandeur?

Le défendeur va-t-il obtenir une absolution complète, comme s'il avait eu à faire avec un *argentarius* qui n'a pas opéré la compensation? Ou bien, au contraire, le *judex* condamnera-t-il le défendeur à payer le reliquat de la somme exigée, après déduction faite de sa créance contre le demandeur, ainsi que cela avait lieu pour le *bonorum emptor*, qui n'avait pas opéré la *deductio*?

1ᵉʳ SYSTÈME. — MM. Bonjean et Ortolan soutiennent que la vérification de l'*exceptio doli* doit entraîner nécessairement l'absolution complète du défendeur.

1° Ces jurisconsultes invoquent tout d'abord les termes impératifs et absolus de la formule dans l'énonciation de l'ordre adressé au *judex*. Il faudrait, dit-on, renverser toutes nos idées sur les exceptions à l'époque de la procédure formulaire pour imaginer un moyen terme idéal.

2° Si on veut parler de cas spéciaux limitativement fixés dans

(1) Brinz, Bekker's Jahrb. 1, 2. — V. pour l'exposition de cette controverse Vangerow, Lehrbuch der Pand., 6e édit. III, § 618, remarq. 1, p. 380 et suiv. — Ludwig Arndts, Lehrbuch der Pand., 6e édit; § 363, remarq. 1, p. 137.

lesquels, il est vrai, le juge a le pouvoir de réduire la *condemnatio*, ces exceptions sont toutes différentes par leur place dans la
formule, par leur rédaction et par leurs résultats, de celle qui nous
occupe. Ces exceptions se bornent au cas où il s'agit pour le défendeur de n'être condamné que *in id quod facere potest*, à l'action
où la *deductio* est opposée au *bonorum emptor*, et enfin au cas
où le défendeur ne peut être poursuivi que *de peculio* ou *de in rem
verso*. Il résulterait donc, par un argument à *contrario*, de leur
énumération (1) que l'*exceptio doli* rentrerait dans la règle générale dont les autres ne seraient qu'une dérogation.

3° Si on permettait au juge, l'exception de dol une fois vérifiée,
de réduire la condamnation, on confondrait les actions *bonæ fidei*
avec les actions *stricti juris*, ce qui serait le renversement de tout
le système des exceptions en Droit romain classique.

4° Un texte de Julien est invoqué à l'appui de cette opinion :
» *Unusquisque creditorem suum eundenque debitorem petentem sum-
movet, si paratus est compensare.* » Le mot *summovere* indique
bien le déboutement complet du demandeur au préjudice duquel
l'exception est vérifiée. Ce résultat ne saurait constituer une injustice, car le demandeur aura plusieurs moyens pour éviter ces
conséquences rigoureuses ; il pourra faire insérer une *præscriptio* au moyen de laquelle il se bornerait à exiger le surplus de la
dette compensée, ou n'exiger dans l'*intentio* que : *amplius
quam ipse Numerio Negidio debet*, ou bien il introduit une *deductio* dans la *condemnatio* : *quod superest, deducto eo quod*. Le demandeur pourra encore éviter la *plus petitio* en transformant son
*intentio* en *intentio* de bonne foi à l'aide de la formule : *Quidquid
dare facere oportere ex fide bona amplius quam...* S'il en est autrement, l'exception produira ses effets rigoureux, et on ne verra
en cela que la juste punition de l'obstination malicieuse du demandeur.

5° Paul dans ses Sentences (2) dit formellement que si l'exception de compensation se vérifie, le créancier perd tout le procès.

(1) Inst. Just., §§ 26, 38, *de act.* (1, 6.
(2) Sent. § 3. *De pign. tit.* 3, *lib.* II.

*causa cadit*, et s'il veut intenter l'action de nouveau, il se verra repoussé par l'exception *rei in judicium deductæ*.

2° Système (1). Nous pensons au contraire que le *judex* pourra réduire la condamnation du défendeur quand même la compensation serait proposée et prouvée sous la forme d'une exception de dol. Avant de procéder à l'exposition de cette opinion, essayons de réfuter les arguments avancés à l'appui du système opposé :

1° L'argument invoqué en première ligne repose sur une pétition de principe manifeste, il ne contient que l'affirmation de ce qui reste justement à prouver.

2° On prétend que ce n'est que dans un nombre de cas spécialement limités que l'exception reconnue fondée entraîne, non l'absolution du défendeur, mais une diminution du chiffre de la condamnation. Cela se trouve en contradiction avec la définition bien connue d'Ulpien : « *Exceptio dicta est quasi quædam exclusio quæ opponi actioni cujusque rei solet ad excludendum id quod in intentionem condemnationemve deductum est.* » Paul exprime bien la même idée par ces mots : « *Exceptio est conditio quæ modo eximit reum damnatione, modo minuit damnationem* (2).

Pourquoi refuser à l'exception de dol la possibilité de produire un effet qui est si généralement accordé à toutes? L'argument tiré des paragraphes 36, 38 des Inst. *de act.* n'est pas topique. Si Justinien dit : *Sunt præterea quædam actiones quibus non solidum quod nobis debetur persequimur, sed modo solidum consequimur, modo minus, ut ecce, si in peculium filii servive agamus;* on ne peut guère deviner la plus légère allusion à une énumération limitative.

3° Est-il vrai de prétendre que notre système entraînerait une confusion complète entre les actions *bonæ fidei* et *stricti juris*? Nous ne le pensons pas; car les différences essentielles qui les séparent n'en existent pas moins.

4° L'argument tiré du mot *summovere* n'est pas plus irréfutable que les autres; cette expression n'a pas de signification techni-

(1) Soutenu par MM Pellat, Demangeat, G. Humbert, Vangerow.
(2) L. 22 pr. Dig. de except. (44,1).

que exprimant la perte absolue de l'action puisque nous lisons aussi autre part : *summovere pro parte* (1).

5° Nous avons déjà eu l'occasion d'expliquer le texte des Sentences de Paul qu'on invoque, selon nous, mal à propos. Ce paragraphe se réfère spécialement à la *plus petitio* encourue par l'*argentarius* qui n'opérait pas lui-même la compensation; ce qui le prouve bien, c'est que Paul suppose deux dettes *paris speciei*, les seules que l'*argentarius* pût opposer, alors que, depuis Marc-Aurèle, une compensation, en dehors de cette classe de personnes, pouvait être opposée au moyen de créances *ex dispari specie*.

Les arguments les plus sérieux ne manquent pas à l'appui de notre opinion.

1° Le paragraphe 30 des Institutes (2) ne peut être plus formel. Après avoir indiqué que dans les actions de bonne foi, la compensation ayant été proposée, le défendeur sera condamné à payer le surplus de ce qu'il doit encore au demandeur, le texte ajoute : *Sed et in strictis judiciis ex rescripto divi Marci, opposita doli mali exceptione, compensatio inducebatur.* Ce qui veut dire évidemment que lorsque dans les actions *stricti juris*, l'exception de dol aura été insérée, sa vérification aura le même effet que l'exception sous entendue dans les actions de bonne foi, c'est-à-dire de diminuer la condamnation. La paraphrase de Théophile ne fait que confirmer cette manière de voir.

2° Africain rapporte l'espèce suivante (3) : Une femme s'oblige *correaliter* avec Primus dans une affaire commune et en réalité elle n'intercède que pour la moitié de l'obligation contractée; alors, dit notre jurisconsulte *creditorem partem duntaxat pecuniæ a muliere petere posse : quod si totum petierit exceptione pro parte submovetur.*

3° Nous trouvons encore d'autres exemples dans les textes (4). Le propriétaire d'un fonds poursuit celui qui l'a acheté imprudemment à un tiers. Après avoir évalué, *ex variis causis*, les

(1) L. 17, § 2, Dig. ad S. C. vell. (16,1).
(2) Inst. de Just. de actionibus.
(3) L. 17, § 2, Dig. Ad. S. C. Vell. (16, 1).
(4) L. 38, Dig. de rei vind. (6, 1).

impenses dont l'acheteur de bonne foi peut se faire rembourser par le demandeur, Celse ajoute : *Nisi reddit quantum prima parte reddi oportere diximus, eo deducto tu condemnandus es.*

Du reste, à défaut des textes, le bon sens suffirait à commander cette solution. Reportons-nous, en effet, à l'époque antérieure à la constitution de Marc-Aurèle et, pour plus de clarté, faisons une espèce. Primus réclame à Secundus, devant le Préteur, 10,000 sesterces, en vertu d'un *mutuum*. Au moment où la formule de la *condictio mutui* va lui être délivrée, Secundus demande, de son côté, le payement d'une somme de 2,000 sesterces que Primus lui devrait comme héritier d'une personne morte, qui les avait promis à Secundus par stipulation. Nous ne pouvons pas admettre que les Romains, avec leur esprit pratique, n'eussent pas trouvé le moyen de joindre ensemble ces deux actions, et que, contre toute justice, Primus pût obtenir une condamnation isolée contre Secundus, sauf à celui-ci à obtenir ensuite, de son côté, une action contre Primus. Il est donc évident que le Préteur, en pareil cas, devait délivrer les deux formules demandées, renvoyer les deux actions à juger devant le même juge, en sorte que celui-ci, si les deux *intentiones* se vérifiaient, prononcerait, en même temps, deux condamnations, et que la compensation s'opérerait tout naturellement dans l'exécution, puisque les deux exécutions devraient être simultanées, et consister chacune en payement d'une somme d'argent.

Il est clair, dans ce système, que la position respective des parties n'est pas changée; chacune d'elles ayant à prouver une *intentio certa* court le danger de la plus-pétition dans sa propre demande. Si, au contraire, nous passons de cet état de choses à celui de l'exception de dol, dans l'opinion que nous combattons, nous allons trouver la situation du demandeur singulièrement aggravée et aggravée jusqu'à l'absurde. Reprenons la même hypothèse, le demandeur formule la même *intentio*, en vertu de la même stipulation prouvée par les mêmes écrits ou par les mêmes témoins, et il court le même danger de plus-pétition si son *intentio* est exagérée. Le défendeur, au contraire, fait insérer l'exception de dol qui est *incerta*, il a déjà l'avantage d'éviter le danger de la *plus petitio*, mais ce n'est pas tout : s'il parvient à prouver qu'il est créancier, non pas de la somme qu'il prétendait lui être due, mais d'une somme quelconque, le demandeur perd son procès pour sa propre plus-pétition, malgré les exagérations du défendeur et quoique la plus-pétition du demandeur n'ait pas existé dans sa demande, qui a été vérifiée préalablement et trouvée conforme à la stipulation intervenue.

Ainsi, tout le risque du procès est porté sur le demandeur, à qui il devient impossible de se défendre contre la demande reconventionnelle du défendeur, soit que cette demande résulte de faits personnels aux deux parties, soit qu'elle résulte de tiers dont les parties seraient devenues les héritières. Ainsi, l'exception de dol, insérée après le rescrit de Marc-Aurèle, c'est-à-dire selon les indications de la pratique, comme il arrivait toujours en Droit romain, consacrerait les résultats les plus iniques, qu'on peut même dire les plus absurdes.

Dans notre opinion, au contraire, tout marche logiquement, l'exception de dol est admise pour simplifier les choses et éviter la délivrance de deux formules. Les deux parties ont pu s'y prêter très-volontiers, car le demandeur reste dans la même position ; il pourra toujours discuter la créance du défendeur et celui-ci y gagne de n'être plus exposé à la plus-pétition dans sa propre demande. Ainsi envisagée, l'exception de dol n'est plus que l'application nouvelle de cette tendance de la procédure formulaire à se montrer plus favorable au défendeur, sans rendre pourtant impossible la position du demandeur.

En terminant, nous pouvons faire observer que l'introduction de l'exception de dol n'a dû être une simplification de l'ancienne procédure qu'au cas où la créance du défendeur était inférieure à celle du demandeur. Si nous la supposons plus forte, le défendeur obtiendra, dans l'ancien système, une condamnation à une somme d'argent plus grande que celle du demandeur; avec l'exception de dol il obtiendra seulement son absolution et devra, pour le surplus, prendre une action. Cette action ne pourra, ce nous semble, se prendre qu'après la Préture, pendant laquelle le procès a été jugé, sous peine d'être exclue par l'exception que Gaius appelle *litis dividuœ* (1).

(1) Gaius, iv, (8, 0).

## § III. — *Exceptio metus.*

L'exception de violence n'est, en vérité, qu'un cas particulier de l'exception de dol. Il semble donc que cette dernière pouvait suffire à elle seule pour protéger la victime d'une violence ; c'était, en effet, d'après Ulpien, l'opinion de Cassius. Cependant il pouvait être très-utile de pouvoir invoquer l'*exceptio metus*, précisément dans des cas où le défendeur n'aurait pu alléguer l'exception de dol : *Metus causa exceptionem*, dit Ulpien, *Cassius non proposuerat, contentus doli exceptione, quæ est generalis. Sed utilius visum est, etiam de metu opponere exceptionem. Etenim distat aliquid a doli exceptione, quod exceptio doli personam complectitur ejus qui doli fecit ; enimvero metus causa exceptio in rem scripta est :* SI IN EA RE NIHIL METUS CAUSA FACTUM EST... (1). L'exception de dol, au contraire, s'applique à un fait invoqué spécialement contre le demandeur : SI IN EA RE NIHIL DOLO MALO ACTORIS FACTUM EST (2).

Supposons que sous l'empire de la violence Primus ait été amené à contracter avec Secundus ; ce dernier poursuit l'accomplissement de son obligation sans avoir été pour rien dans la détermination forcée de Primus. Si celui-ci veut opposer l'exception de dol *in personam*, il devra nécessairement succomber puisque Secundus n'a commis aucun dol. Si, au contraire, il peut faire insérer l'*exceptio metus*, comme elle est conçue *in rem*, il suffira que le fait matériel sur lequel elle se base soit vérifié pour que le défendeur soit par cela seul absous.

Quelle que soit la généralité de l'exception de dol, il y a entre elle et l'*exceptio metus* une différence importante : on peut dire que celui qui a été victime de la violence *crimine caret, nam metus habet in se quandam ignorantiam* (3), tandis que celui qui est victime d'un dol s'est rendu coupable, dans une certaine me-

---

(1) L. 4, § 33, Dig. *de doli mali et met. except.* (44, 4).
(2) L. 2, § 4, Dig. *eod tit.*
(3) L. 14, § 3, Dig. *Quod met. caus. gest. erit* (4, 2).

sure, d'une sorte de négligence intellectuelle, il a manqué de perspicacité.

Quoiqu'il en soit, si le défendeur ignore quel est le véritable auteur de la violence, il devra user de l'*exceptio metus in rem scripta*. Les conditions requises pour son obtention étaient les suivantes : 1° que la violence ait été la cause déterminante du contrat, dans *causam contractui ;* 2° qu'elle ait entraîné une crainte sérieuse et actuelle d'un danger et non un simple soupçon ayant plus ou moins de consistance ; 3° que la violence exercée soit contraire aux lois, la menace de l'exercice d'un droit ne pourrait être considérée comme réunissant les éléments qui caractérisent la violence ; 4° qu'elle ait été de nature à faire impression sur un homme *constantissimus.*

### § IV. — *Exceptio non numeratæ pecuniæ.*

L'élément générateur du lien du droit à Rome n'était pas la cause finale, mais simplement la *causa civilis* qui consistait dans l'accomplissement d'un acte auquel la loi attachait le *vinculum juris.* Si quelqu'un a presté une somme indue, il y a eu translation de propriété et ce ne sera pas la revendication, mais la *condictio indebiti* qui pourra être intentée contre celui qui a reçu indûment.

L'exception non *numeratæ pecuniæ* fut introduite pour éviter les conséquences iniques de ce principe du Droit civil.

Il arrivait fréquemment à Rome que pour donner plus de sûreté à l'obligation et en même temps en faciliter la preuve, on faisait intervenir une stipulation comme accessoire de contrats existant par eux-mêmes; cette formalité avait lieu très-souvent dans le *mutuum* qu'on faisait suivre ou précéder du contrat verbal de stipulation. Ce fait n'engendrait pas de novation ou deux créances distinctes, mais il en résultait que le créancier avait le choix entre l'action *ex stipulatu* ou *ex mutuo* (1). Ces moyens,

(1) L. 6, § 1 et 7, Dig. de novat. (46, 2); l. 126, § 2, Dig. de verb. obligat. (45, 1).

6

particulièrement au point de vue de la preuve de l'obligation, ne faisaient pas double emploi ; car, si le créancier use de l'action *ex stipulatu*, il n'aura rien autre chose à prouver que l'existence du contrat de stipulation. S'il agit *ex mutuo*, il doit fournir la preuve de la numération des écus ; or cette preuve pouvait souvent être fort difficile à délivrer. Cette adjonction de stipulation avait pour but de dissimuler les intérêts usuraires en exagérant le chiffre du capital (1).

Les plus grands abus ne tardèrent pas à naître d'un moyen si commode. En effet, la stipulation ayant précédé le *mutuum*, le créancier, s'il était de mauvaise foi, pouvait ne pas compter à l'emprunteur les espèces promises alors que tout de même ce dernier restait obligé en vertu d'une *causa civilis*. La même fraude se commettait à l'aide des contrats *litteris*. Le législateur ne put s'empêcher de voir dans ces procédés une méconnaissance des principes de l'équité, mais comme le Préteur ne pouvait aller directement à l'encontre des conséquences du Droit civil, quelques rigoureuses qu'elles fussent, il accorda une exception de dol, car il est évidemment contraire à l'équité de la part du stipulant de réclamer une somme qu'il n'a pas réellement livrée à l'emprunteur (2). Ulpien ne parle encore dans cette espèce que de l'exception de dol, il ne mentionne une exception *non numeratæ pecuniæ* que dans une hypothèse, où c'est le patron qui poursuit son affranchi (3). Ce ne fut que plus tard que fut introduite l'exception résultant de la non-numération des espèces avec la désignation spéciale, *non numeratæ pecuniæ* (4).

Ce qu'il y a de remarquable à noter dans cette hypothèse, c'est que le *reus in excipiendo* n'est pas obligé de faire la preuve de ce qu'il avance, c'est au créancier à prouver l'existence de la numération (5) : « *exceptione opposita seu doli seu*

(1) Telle est l'opinion que M. Humbert a présentée à son cours *sur les exceptions*.

(2) Gaius iv, 116, v. aussi § 110 ; l. 2, § 3, Dig. *de dol. mal. et met.* (44, 4)..

(3) Ulp., l. 1, pr. et § 1, Dig. *de condict. sine causa* (12, 7).

(4) L. 4, § 16, Dig. *de doli mali et met. except.* (44, 4).

(5) C. 3, 10, Cod. Just. *de non num. pec.* (4, 30).

*non numeratæ pecuniæ, compellitur petitor probare pecuniam tibi esse numeratam : quo non impleto absolutio sequetur. »*

Cette exception était appelée temporaire sous le régime formulaire ; le délai pendant lequel on pouvait l'exercer utilement avait été fixé d'abord à un an, ensuite à cinq ans, par une constitution de Marc-Aurèle, et plus tard à deux ans (1).

Mais, pourrait-on se demander, le créancier de mauvaise foi n'aurait eu dans ces conditions qu'à attendre l'expiration d'un délai si court pour agir ensuite en toute sécurité ? Sans doute, seulement c'était alors à l'emprunteur à prendre garde à ses intérêts en intentant lui-même une *condictio incerti* pour obtenir sa libération : *vigilantibus jura succurrunt* (2).

## § V. — *Exceptio pacti.*

Le pacte consenti en faveur d'un débiteur ne produisait primitivement aucun effet légal, ce fut grâce à l'influence prétorienne qu'Ulpien put dire : *Nuda pactio obligationem non parit, sed parit exceptionem* (3).

Le pacte produisait des effets différents, selon que le contrat auquel il se réfère est *bonæ fidei* ou *stricti juris* : 1° S'il s'agit d'un contrat de bonne foi, il faut distinguer : si le pacte a été ajouté *in continenti*, il fait partie intégrante du contrat, *videtur in esse contractui* et opère *ipso jure* ; s'il a été ajouté *ex intervallo*, il n'opèrera qu'*exceptionis ope*. 2° Si le contrat est *stricti juris* il faut examiner le but des parties relativement à l'obligation primitive. Le pacte dans ce cas ne peut que servir de base à une excep-

(1) C. 1, Cod. Greg. de except. non num. pec. (4, 10).
(2) C. 18, Cod. Just. de fidej. (8, 41).
(3) L. 7, § 8, Dig. de pactis (2, 14).

tion, si les parties ont l'intention de diminuer l'obligation (1).
Cette exception était conçue *in factum : Si inter Aulum Agerium
et Numerium Negidium non convenit ne ea pecunia peteretur.*
Elle est temporaire ou perpétuelle selon que le créancier a promis
de n'exiger sa créance que dans un certain laps de temps ou s'il
s'est obligé à ne jamais la réclamer. Conformément à une règle de
la loi des XII Tables, le pacte éteignait *ipso jure* l'exercice de
l'action *furti* et de l'action *injuriarum* (2).

## § VI. — *Exceptio jurisjurandi.*

Une partie a déféré à l'autre le serment ; celle-ci l'a prêté. Ce
fait contient, nous dit Paul, une sorte de transaction qui a encore
plus d'autorité que la chose jugée : *Jusjurandum speciem tran-
sactionis continet, majoremque habet autoritatem quam res judicata* (3). Si postérieurement à la prestation du serment, celui qui l'a
prêté est attaqué en justice par celui qui le lui a déféré, il pourra
invoquer pour sa défense le droit né de la prestation, au moyen
d'une exception : *Nam postquam juratum est denegatur actio :
aut si controversia erit, id est si ambigitur an jusjurandum datum
sit, exceptioni locus est* (4). Cette exception était *in factum concepta*
et *rei cohærens ;* un fidéjusseur pouvait l'invoquer du chef du
débiteur principal, un *correus* du chef de tout autre *correus*, qu'il
y eût ou non société. Elle ne laissait pas subsister l'obligation
naturelle (5) et pouvait être opposée tant à une action réelle qu'à
une action personnelle.

(1) Paul était d'un avis contraire, il admettait que le pacte adjoint *in continenti*
à un contrat de droit strict. opérait *ipso jure.* L. 40, Dig. *de reb. cred.* (12, 1).

(2) L. XII Tab. 8, *Si membrum rupit, ni cum eo pacit talio esto.*

(3) L. 2, Dig. *de jurejur.* (12, 2),

(4) L. 0, pr. Dig. *eod. tit.*

(5) L. 10, Dig. *eod. tit.*

## § VII. — *Exceptio rei judicatæ.*

**A.** — Un juge ayant décidé une question pendante entre deux parties en litige, il est à présumer que sa sentence est l'expression de la justice et de la vérité : *Res judicata pro veritate accipitur* (1). Les résultats de cette présomption de vérité sont d'une utilité sociale évidente, elle est une des conditions essentielles au maintien de l'ordre et de la sécurité dans les relations des hommes. Un autre élément venait s'ajouter en Droit romain pour donner plus de force à la chose jugée, car plaider était quasi-contracter de tenir pour vraie la sentence du juge. De là naissait un droit pour la partie victorieuse que celle-ci pouvait faire valoir, tantôt au moyen d'une action, tantôt par une exception; c'est du fonctionnement de cette dernière que nous voulons parler.

**B.** — *Conditions d'application.* — Deux conditions sont nécessaires ; qu'une question contentieuse ait été tranchée par un jugement régulièrement passé en force de chose jugée; que ce soit la même question déjà tranchée par le juge primitif, *eadem quæstio.*

Le jugement devait être régulier, c'est-à-dire rendu par un juge compétent, non corrompu et conformément au Droit civil (2) ; dans le cas contraire le jugement était nul *de plano.* La sentence de l'*arbiter* ne jouissait pas de l'autorité de la chose jugée, mais pour en assurer pourtant l'exécution, on prit l'habitude, qui devint dans la suite générale, d'y ajouter une clause pénale en cas de non exécution (3).

Il faut de plus qu'il y ait *eadem quæstio* (4).

(1) L. 207. Dig. *de reg. jur.* (50, 17).
(2) L. 10. Dig. *de appellat. et relat.* (49, 1).
(3) L. 1, 2. Dig. *de recept.* (4, 8).
(4) L. 7, § 4. Dig. *de except. rei jud.*

Deux éléments sont nécessaires pour qu'il soit dit que la même question a été portée devant le juge ; 1° identité de l'objet, *eadem res* ; 2° *eadem causa petendi*. Il faut aussi que les mêmes parties se trouvent dans le nouveau procès, *eadem conditio personarum*. Cette troisième condition n'est pas relative à l'*eadem quæstio*, mais plutôt à la force qui doit être attribuée à la chose jugée.

*Eadem res.* — Dans quel sens devons-nous dire qu'il y a identité d'objet ? Il y a identité d'objet si un droit de la même nature portant sur la même chose est invoqué de nouveau. Cette identité n'existerait pas s'il avait été question d'un droit réel dans le premier jugement et d'un droit de créance dans la deuxième action (1). Il en est autrement lorsqu'un même droit peut servir de base à deux actions différentes (2). Quand dira-t-on qu'il y a identité de droit ? Si l'on demande au même titre que la première fois. D'où il suit que je pourrai réclamer dans un deuxième procès, à titre de créancier, l'esclave Stichus que j'avais une fois exigé comme propriétaire.

*Eadem causa petendi.* — La *causa* est le fait juridique constitutif du droit que je propose en justice ; après avoir agi comme vendeur pour réclamer une somme, je pourrai la réclamer encore en me présentant comme prêteur, parce que les *causæ* de mon droit sont de nature différente. Etudions les conditions d'identité de cause en matière de créances et dans les actions réelles.

*Identité de cause dans les actions* in personam. — Si je me prétends créancier du défendeur, contre lequel j'avais déjà engagé une instance, j'éviterai l'exception *rei judicatæ* qu'il pourrait m'opposer en indiquant une autre *causa civilis* à l'obligation que je cherche à faire valoir.

*Identité de* causa *dans les actions réelles.* — La propriété d'une chose ne saurait reposer sur la tête de quelqu'un qu'en vertu d'une seule cause ; propriétaire en vertu d'une mancipation, je ne puis le devenir par une tradition ; on peut, au contraire, avoir une seule créance basée sur plusieurs titres différents. En général, les actions réelles ne présentent pas de *demonstratio*, l'in-

---

(1) L. 31. Dig. *de except. rei jud.* ( 11, 2 ).
(2) L. 8, 7, § 1, Dig. cod. *tit.*

*tentio* était censée comprendre toutes les causes d'acquisition possibles (1). D'où il suit que si j'ai perdu un procès en revendication, je ne peux plus renouveler ma prétention sous une autre forme en arguant d'une autre cause d'acquisition, à moins qu'elle ne soit survenue après la première *litis contestatio* (2). On évitait le danger de la consomption des actions au moyen d'une *præscriptio* insérée dans la formule pour réserver les droits ultérieurs du demandeur (3) ou même, d'après M. de Savigny, de l'insertion dans la deuxième de ces mots : *de eadem re agatur alio modo.*

Sans nous occuper des effets de la chose jugée dont l'examen ne rentre pas directement dans notre cadre, demandons-nous quelles sont les conditions d'application de l'exception *rei judicatæ.*

Deux hypothèses peuvent se réaliser, ou bien le demandeur a gagné le premier procès, ou bien il l'a perdu. Dans le premier cas, sa ligne de conduite lui est clairement tracée; il poursuivra l'exécution du jugement par une *missio in possessionem* ou par un *pignus prætorium.* Il se présente ici une difficulté. Jusqu'au temps du Bas-Empire, les jugements étant rendus oralement, il était à craindre que le défendeur niât l'existence du jugement que le demandeur prétend faire exécuter; pour réprimer cette fraude, on édicta la peine du double contre le défendeur de mauvaise foi : *Lis crescit inficiando in duplum.*

Par une dérogation difficile à justifier, un mineur de 25 ans pouvait obtenir une *restitutio in integrum* pour éviter les effets de l'action *judicati* (4).

Le demandeur pouvait avoir un intérêt à faire valoir la chose jugée à son profit, au moyen d'une exception dans l'espèce suivante : Primus intente la revendication contre Secundus, et il triomphe ; ce dernier, pour éviter la condamnation exécute l'*arbitrium* ; mais ensuite se ravisant, ce même Secundus revendique

(1) L. 11, § 5, Dig. *de except. rei jud.* (11, 2).
(2) Ulp., L. 11, § 4, Dig. *de except. rei jud.* (11, 2); l. 0, 17, 18, Dig. *de exceptionib.* (11, 1).
(3) Gaius iv, 131.
(4) L. 20, 23, Dig. *de dolo* (1, 3).

à son tour la même chose contre Primus ; celui-ci aura alors un grand intérêt à repousser l'action de Secundus, en excipant de l'autorité de la chose jugée (1).

Supposons que le demandeur primitif ait perdu le premier procès, comment s'appliquera dans ce cas l'exception de la chose jugée ?

Dans ce cas, son droit d'action sera épuisé, *ipso jure*, si l'action est personnelle *in jus concepta* et que le *judicium* soit *legitimum* (2), et il ne peut être question d'exception, ou du moyen *exceptionis ope* que si le *judicium* est *imperio continens*, si l'action est *in factum concepta*, etc.

Deux exceptions pouvaient être opposées : l'exception *rei in judicium deductæ* ou l'exception *rei judicatæ*. La première est particulièrement utile lorsque l'instance est périmée et que le jugement n'a pas été rendu, ou que le demandeur après avoir entamé l'affaire l'a abandonnée. L'exception *rei in judicium deductæ* a une fonction purement négative, l'exception *rei judicatæ* a de plus une fonction positive, car par son moyen, le défendeur excipe d'un jugement qui a reconnu affirmativement un droit (3).

## CHAPITRE III.

## Classification sommaire des principales exceptions.

Les exceptions se divisent en quatre classes selon les divers points de vue sous lesquels on considère : 1° D'après leur origine ; 2° D'après leur durée ; 3° D'après leur mode de délivrance par le Préteur ; 4° Selon qu'elles peuvent être invoquées par tous les in-

(1) L. 15, 30, § 1, Dig. *de except. rei jud.* ( 11, 2 ).
(2) Gaius III, 180-181 ; IV. 104 ; *fr. vat.*, 17.
(3) L. 10, § 2, Dig., *de procurat.* (3, 3) ; l. 4, l. Dig., *de except. rei jud.* (11,2).

téressés (*rei cohærentes*) ou seulement par certaines personnes (*personæ cohærentes*).

## PREMIÈRE SECTION.

### Exceptions prétoriennes ou civiles.

Les exceptions tirent leur origine du Droit civil (1) ou du Droit prétorien. Les principales exceptions prétoriennes sont : les exceptions *metus, pacti conventi*, *in factum*, etc. D'autres prennent leur substance, *capiunt substantium*, dans les sénatus-consultes, telles que les exceptions du sénatus-consulte Trébellien, Velléien, Macédonien, etc. D'autres enfin de l'ancien Droit civil : *exceptiones legis Cinciæ*, *Plætoriæ*, etc. etc.

## DEUXIÈME SECTION.

### Exceptions perpétuelles ou temporaires.

Les exceptions se divisent d'après la durée du droit qu'elles servent à opposer, en péremptoires et en dilatoires (2). Les premières sont en général perpétuelles, les deuxièmes temporaires.

§ 1. — L'exception péremptoire paralyse complétement le Droit contre lequel elle peut être invoquée, cette paralysie était irrémédiable et constante.

§ 2. — Les exceptions dilatoires sont celles qui n'opèrent que pendant un certain délai, ce qui fait que le demandeur pourra en éviter l'effet en retardant son action jusqu'au moment où l'exception ne pourra plus lui être opposée : exception *pacti de non petendo* jusqu'à une certaine époque, *litis dividuæ*, *residuæ*.

Si un délai avait été convenu *ex continenti* à une obligation, le créancier qui agirait avant le terme commettrait une *plus petitio*

---

(1) Nous n'avons pas besoin de nous étendre longuement sur ce point que nous avons eu déjà l'occasion de traiter.

(2) Gaius IV, 120, 122.

*tempore* et le défendeur n'aurait pas besoin de recourir à une exception; il en serait autrement si le délai avait été fixé *post contractum*, dans ce cas le défendeur devrait agir *exceptionis ope.*

### TROISIÈME SECTION.

#### Exceptions accordées cognita causa ou non.

*Exceptiones,* dit Gaius, *alias in edicto prætor habet propositas, alias causa cognita accommodat* (1). Le Préteur avait prévu dans son édit certaines exceptions qui s'appliquaient dans une grande généralité de cas ; il se réservait la création de nouvelles selon la nécessité des circonstances. Ces dernières étaient proprement appelées *exceptiones in factum* (2).

### QUATRIÈME SECTION.

#### Exceptions rei ou personæ cohærentes.

On distinguait enfin les exceptions en *rei cohærentes* et en *personæ cohærentes.*

Les exceptions sont généralement *rei cohærentes* et un fidéjusseur pourra les opposer du chef du débiteur principal : *Omnes exceptiones quæ reo competi.nt, fidejussori quoque, etiam invito reo, competunt* (3). Il en était de même des exceptions *rei judicatæ*, *doli malis*, *juris jurandi*, *metus causa*, de celle du sénatus-consulte Velléien et de celle du sénatus-consulte Macédonien. Il en était encore ainsi, quant à l'exception *libertatis onerandæ causa* (4).

---

(1) Gaius iv, 118, *init.*

(2) Savigny, *System*, t. v., § 227, note b.

(3) L. 19, Dig. *de except.* (44,1); Inst. Just., § 4, *de replicat.* (4,14).

(4) « Totiens onerandæ libertatis causa pecunia videtur promitti quotiens sua » sponte dominus manumisit ; et propterea velit libertum pecuniam promitere ut » non exigat eam, sed ut libertus eum timeat et obtemperet ei. » Paul, l. 2, § 2, *in fine*, Dig., *quarum. rer. act. non datur.* (44,5).

Paul ajoute encore : *Idem dicitur si quis fidejusserit pro minore XXV annis circumscripto, quod si deceptus sit in re, tunc nec ipse ante habet auxilium quam restitutus fuerit, nec fidejussori danda exceptio* (1).

Le jurisconsulte suppose qu'un mineur de 25 ans a été victime d'un dol, et dans ce cas l'exception qui en résulte est *rei cohærens*, ou bien qu'il se trouve simplement lésé. Paul a-t-il voulu dire que le fidéjusseur ne pourrait invoquer une exception qu'après que le mineur de 25 ans aura obtenu la *restitutio in integrum*, ou au contraire qu'il ne pourra l'obtenir dans aucun de ces deux cas ? La question est controversée, nous pensons pourtant, avec MM. Humbert, Demangeat, etc., qu'il ne le pourra pas, car c'est probablement pour éviter les conséquences de la rescision que le créancier dudit mineur a exigé l'intervention d'un fidéjusseur qui devait avoir conscience de ce qu'il faisait. Ce ne sera que dans des cas exceptionnels que ce dernier pourra invoquer une exception après que la *restitutio in integrum* aura été accordée.

Si le débiteur principal a obtenu un pacte de *non petendo*, le fidéjusseur peut l'invoquer si le pacte est *in rem*; il en est de même si la libération du débiteur résulte d'un legs. Pour que le fidéjusseur puisse opposer à un créancier le pacte que celui-ci a fait avec le débiteur principal, il faut supposer que le fidéjusseur, s'il payait, aurait un recours à exercer contre lui. Il en est autrement pour l'exception du sénatus-consulte Velléien, parce qu'elle éteint complétement la dette (2) : *Quia totam obligationem senatus improbat.*

Les exceptions *personæ cohærentes* ne peuvent être en général invoquées que par les personnes en faveur desquelles elles ont été instituées ; telles sont les exceptions de pacte de remise *in personam* qui ne peut pas même être invoqué par les héritiers du débiteur, l'exception du bénéfice de compétence, et de cession de biens consentie par un débiteur tombé en déconfiture.

(1) L. 7, § 1, Dig. *de except.* (44,1).
(2) L. 16, § 1, Dig. *ad S. C.* Velleianum.

# DES EXCEPTIONS SOUS LE RÉGIME DE LA PROCÉDURE EXTRAORDINAIRE.

Sous l'empire du régime formulaire il se présentait des cas où le magistrat, au lieu de renvoyer l'affaire devant un *judex*, statuait lui-même sur le litige, on appelait cette procédure un *judicium extraordinarium*. C'est ainsi que le Préteur connaissait :

1 ° Des fidéicommis (1);

2° De la *restitutio in integrum ;*

3° Des actions ayant pour objet des honoraires d'avocats, de professeurs, de médecins, ou bien des causes concernant les publicains (2).

Dans tous ces procès, l'instance se vidait sans qu'il fut besoin de formule écrite. Le cas d'application de ce procédé se multiplia si bien, qu'il entra peu à peu dans les mœurs de voir les affaires s'instruire et se juger directement par les magistrats impériaux, sans l'aide d'un *judex*.

Dioclétien fit de cette forme la règle générale, dans sa constitution *de formulis et impretationibus actionum*, à laquelle fait allusion Justinien dans le § 8 des Institutes, titre *De interdictis : Extra ordinem jus dicitur, qualia sunt hodie omnia judicia.*

Nous avons à étudier quelle est la véritable portée de cette révolution judiciaire.

(1) Gaius, ii, 278.
(2) Tacite, *Annal.* (13, 50).

# CHAPITRE Ier.

**Discussion du point de savoir si du temps de Jus-
tinien on ne doit plus distinguer les moyens de
défense directs des exceptions.**

Il s'est élevé sur ce point une vive controverse parmi les jurisconsultes. La raison de ces divergences d'opinion vient du désac-
cord sur la nature de l'exception elle-même. Nous 'avons déjà vu
qu'il suffit, pour les uns, de voir un droit indépendant mis en
avant par le défendeur pour apercevoir là une véritable exception,
dans le sens romain du mot ; toutes les autres institutions juridiques qui aidaient essentiellement à son fonctionnement et la carac-
térisaient sont passées sous silence, comme étant des formalités
accessoires indépendantes du fond du droit ; la forme de l'exception disparaît, mais le fond reste toujours, disent-ils. Là n'est
pas la solution du problème. Il s'agit d'abord de déterminer ce
qui appartient au fond et ce qui appartient à la forme, si l'une et
l'autre peuvent être séparés, tout en maintenant leur existence
propre ; nous ne le pensons pas ; nous disons même qu'un tel phénomène serait, dans les annales de l'histoire du Droit, quelque
chose d'analogue à une monstruosité dans l'ordre naturel. Dans
le système du Droit, comme dans le domaine de la nature, toutes
les parties sont étroitement liées et coordonnées entr'elles et ont
une existence dépendante les unes des autres. Aussi n'est-ce pas
dans l'observation d'un fait isolé qu'il faut chercher la compréhension complète du fait lui-même, mais encore dans la connaissance
des causes qui l'ont fait naître et des circonstances au milieu des
quelles il s'est produit. Il en est de même pour le Droit romain.
L'esprit qui l'anime pénètre dans toutes ses institutions; dans
toutes on reconnaît les mêmes qualités, les mêmes défauts, les

mêmes traits caractéristiques solidaires les uns des autres ; un changement d'un côté soulève une modification de l'autre, et tout s'enchaîne dans un développement logique et régulier.

Appliquons ces idées à l'analyse de notre sujet.

La nature de l'exception ne consiste-t-elle pas autant dans l'obligation où se trouve le juge de tenir compte du fait indiqué impérativement par le Préteur pour condamner ou absoudre le défendeur que dans les qualités du fait lui-même ? Si le *judex* n'était pas obligé d'en tenir compte, il n'y aurait plus exception ou dérogation aux conséquences supposées par la vérification des prémisses posées dans l'*intentio*. Où serait l'exception si le juge, étant à la fois magistrat, avait une liberté d'appréciation absolue pour admettre, dans les mesures légales, la présentation des faits à alléguer par le défendeur ? Les autres moyens ne nous apparaîtraient plus alors avec cette netteté, cette exactitude plastique qui se révèle dans tous les détails du Droit romain classique.

L'exception tire évidemment une grande partie de sa signification spéciale et sa possibilité matérielle, de la double source qui alimentait la jurisprudence romaine. Dès lors, l'opposition entre l'*ipsum jus* et le *jus honorarium* n'existant plus, on ne peut méconnaître qu'une transformation, au moins partielle, n'ait eu lieu, puisque c'est de cette opposition que dérivait, selon nous, la totalité des exceptions. Les expressions *ipsum jus, ipso jure, æquum jus, jus honorarium, exceptionis ope*, ne peuvent être séparées de leur sphère d'action sans qu'il en naisse la plus grande confusion dans la procédure et dans le droit positif.

Lorsque les compilateurs de Justinien nous parlent d'exception nous devons comprendre leurs expressions d'une manière bien différente de l'ancienne signification qui leur était primitivement attribuée.

Les adversaires de notre système nous opposent une objection bien faible quand ils disent que sous le régime formulaire on ne pouvait voir, au point de vue de la procédure, quelle différence il pouvait y avoir entre un moyen *ipso jure* et une exception fondée sur l'équité lorsqu'il s'agissait d'une action de bonne foi.

Cette objection nous la retournerons précisément contre eux et

nous répliquons qu'il ne faut pas observer l'exception exclusivement d'un seul côté, mais les examiner tous, notamment, l'ordre
du Préteur qui est toujours contenu dans toutes les actions et la
nature de l'*officium* du *judex* prétorien.

Le système extraordinaire une fois introduit, la *dictio* prétorienne n'existe plus : désormais de même que le demandeur puise
directement dans la loi le droit d'exercer son action, le défendeur
présentera *de plano* une assertion indépendante dans laquelle il
insérera tous ses moyens sans distinguer si les droits qu'il oppose
sont indépendants ou non, en un mot si sa négation est directe ou
indirecte. Aussi Justinien emploie-t-il le mot *allegatio* au lieu
d'*adjectio* dont Gaius s'était servi au paragraphe correspondant de
ses commentaires (1).

Sous ce rapport les rédacteurs des Institutes semblent avoir
compris dans une certaine mesure la portée de l'innovation introduite dans la matière des exceptions.

Dans d'autres textes du Code (2) dans lesquels les anciens souvenirs classiques n'exercent plus la même influence dans la terminologie, les mots *allegatio*, *defensio*, *exceptio* sont devenus
synonymes, ils dénotent une confusion réelle entre les moyens
directs et les moyens indirects.

CHAPITRE II.

## Influence de la confusion du Droit prétorien
## et du Droit civil.

Signalons d'abord un changement dans la terminologie. Nous
avons déjà vu que même après l'abolition du système formulaire
la compensation n'avait pas cessé d'être un moyen judiciaire, par
cela seul qu'elle avait cessé d'avoir lieu *exceptionis ope*. Cela

(1) Inst. Just. *de replic.* (14, 4).
(2) C. 17, C. Just. *de testib.* (4, 20), C. 2, C. Just. *ubi in rem.* (3, 19).

devint nécessaire par la réunion du Droit civil et du Droit prétorien. Le texte de Justinien : *Sed nostra constitutio eas compensa-
tiones quæ jure aperto nituntur latius introduxit ut actiones* ipso
jure *minuant*, n'a pour nous d'autre signification que l'assimilation de la compensation, quant à son mode de présentation, à
tous les autres moyens qui, dans le système formulaire, pouvaient
être présentés devant le *judex*, sans qu'une *adjectio* de la formule
en fît une mention expresse ou tacite.

L'*exceptio rei judicatæ* a subi elle aussi une profonde modification. Il n'y a plus de *judicium legitimum* faisant parallèle au
*judicium imperio continens*, et il ne s'opérera plus de novation
ni par la *litis-contestatio*, ni par la sentence; l'ancienne obligation dure toujours, *nihilominus durat obligatio*. C'est là une
conséquence de la *conjunctio in unum* du Droit civil et du Droit
prétorien, et de l'abolition de la formule.

Il en est de même de l'*exceptio rei in judicium deductæ* dont le
§ 5 des Institutes au titre des exceptions ne parle pas, bien qu'il
soit copié sur le § 106, IV, de Gaius.

Du moment en effet que les deux périodes du procès *in jure* et
*in judicio* sont réunies, il n'y a plus de contestation préliminaire
au débat principal et l'instance ne peut plus être périmée. Il
n'existe plus qu'un seul prononcé qui résume *litis contestatio* et
*sententia;* c'est de son contenu que résultera, s'il y a lieu, un
moyen de défense basé sur la *res judicata* qui a absorbé l'exception rei *in judicium deductæ :* si judicio *tecum actum fuerit.....
debes per exceptionem rei judicatæ adjuvari.*

Les diversements classements des exceptions, tels que nous les
avons présentés dans le système formulaire, n'ont plus leur raison
d'être; il ne peut plus être question d'exceptions *in jus* ou *in
factum*, d'exceptions *decretales* ou *edictales ;* on peut pourtant les
diviser encore en rei ou *personæ cohærentes* (1).

Nous voyons que Justinien parle encore des exceptions péremptoires ou dilatoires, mais empressons-nous d'ajouter qu'une
transformation complète s'est opérée quant à l'efficacité de ces
dernières.

(1) Inst. Just., § 4, *de repl.* (4, 14).

Sous le système formulaire, intenter une action au mépris d'une exception dilatoire eut été commettre une *plus petitio* dans l'*intentio*, ce qui aurait entraîné nécessairement la perte de l'action à cause de la *deductio in jus* sanctionnée par l'exception *rei in judicium deductæ* (1). Ces conséquences devenaient impossibles dans la procédure extraordinaire, où l'office du juge et du magistrat étant confondus, on n'est plus renfermé dans les termes d'une formule, toute latitude étant accordée au *judex* pour procéder à l'examen et à la solution de l'affaire.

Aussi Justinien après avoir rappelé que ceux qui avaient intenté une action au mépris d'une exception dilatoire se voyaient repoussés, ajoutait : *neque post tempus agere poterant. Hodie autem non ita stricte hæc procedere volumus.* Dès ce moment les exceptions dilatoires ne tendront plus qu'à faire reconnaître l'efficacité d'un moyen légal qui n'atteint nullement la question principale (2).

Le demandeur qui actionnera sans tenir compte d'une exception dilatoire que pourrait opposer son adversaire subira un délai double de celui porté par l'obligation première, sans pouvoir réclamer les intérêts courus dans l'intervalle et il sera, d'ailleurs, s'il veut reproduire son attaque en temps opportun, obligé de rembourser les frais de la première instance.

Une telle exception sera *temporalis*, non pas seulement au point de vue de la durée du droit de l'opposer en justice, mais quant à la durée des effets produits après qu'elle aura été déduite au procès, contrairement à ce qui existait sous le système formulaire.

(1) Gaius iv, 123.
(2) C'est ce qui résulte du § 10, Inst. Just. *de except.* (4,13) de la C. 1, Cod. Just. *de plus pet.* (3,10) de Zénon, et de la C. 2, *ibi l.* (3,10) confirmant la précédente.

CHAPITRE III.

### Qu'est devenue sous Justinien la procédure en matière d'exception ?

Nous avons vu dans le système formulaire que c'est au moment de la *litis contestatio* que l'on devait invoquer les exceptions de quelque nature qu'elles fussent. Il était tellement conforme à la nature des exceptions dilatoires qu'elles fussent alléguées devant le Préteur, dans l'instance interlocutoire qui avait lieu devant lui, qu'il y avait de grands obstacles à ce que leur omission fut réparée plus tard par une restitution.

Mais que devint la *litis contestatio* lors de la réunion en une seule des deux périodes de l'instance, le *jus* et le *judicium?* On dit dès ce moment que la *litis contestatio* a lieu devant le juge quand les parties ont posé leurs conclusions : *cum judex per narrationem negotii causam audire cœperit*, dit la constitution 1 au Code, *de litis contestatione*, de Sévère et Antonin, évidemment interpolée. Elle est devenue l'*exordium*, le *limen litis*. De cette précision se déduisent les règles suivantes :

*a).* Les exceptions dilatoires doivent être invoquées dès le début de l'instance, *in limine litis, in ipsa litis contestatione* (1). Mais il n'était pas nécessaire d'en administrer la preuve sur le champ, c'est ce que reconnaît expressément Dioclétien dans la constitution 19, Cod. Just. *de probat.* (4, 19). *Exceptionem dilatoriam opponi quidem initio, probari vero postquam actor monstraverit, quod asseverat, oportet;* et la Constitution 9 au Cod. *de exceptionibus*

---

(1) C. 12, Cod. *de except.* (8, 30).

est encore plus explicite à ce sujet : *si quidem intentionem actoris probationis deficere confidis , nulla tibi defensio necessaria est.*

Ainsi donc , on allègue simplement son exception dilatoire et le procès suit son cours ; le demandeur ne peut-il parvenir à faire la preuve de son *intentio*, le défendeur est provisoirement absous sans qu'il soit autrement question de l'exception dilatoire. Le demandeur fait-il la preuve de son *intentio*, alors seulement le défendeur de son côté aura à prouver son *exceptio*.

L'empereur Julien sanctionne cette règle en punissant d'une livre d'or d'amende, l'avocat déloyal qui réserverait pour la fin des débats la surprise d'une exception dilatoire (1).

Il est toutefois une exception dilatoire qui pourra être invoquée même après la sentence, c'est l'exception *falsi procuratoris*, car si elle se vérifie l'instance doit être considérée comme non avenue : *judicium nullum est. Licet in principio quæstionis persona debeat inquiri procuratoris , an ad agendum negotium mandatum a domino litis habeat, si tamen falsus procurator inveniatur, nec dici controversiæ solent, nec potest esse judicium* (2).

*b*). Les exceptions péremptoires, déjà plus favorablement vues que les dilatoires sous le système formulaire, peuvent être aussi opposées sous Justinien tant que la sentence n'était pas rendue, en tout état de cause; c'est ce que dit Dioclétien dans deux Constitutions (C. 8, Cod. J. *de except.* (8, 36)). *Præscriptionem* (pour *exceptionem*) *peremptoriam quam ante contestari sufficit omissam priusquam sententia feratur, objicere quandoque licet*, et C. 2, Cod. J. *sentent. rescind.* (7, 50). *Peremptorias exceptiones omissas in initio, antequam sententia feratur, opponi posse perpetuum edictum manifeste declarat. Quod si aliter actum fuerit in integrum restitutio permittitur.* Comme sous le système formulaire, il se présente encore, à l'époque de Justinien , des cas expressément réservés, où l'*exceptio peremptoria* peut être opposée même après la sentence.

(1) C. 12, *ibid.*
(2) C. 24, Cod. *de procurat.* (2, 13).

*c*). Sous le système formulaire, la *præscriptio fori* par exemple, devait être présentée , *in jus*, avant même les exceptions puisqu'elle avait pour but d'éviter tout débat direct ou indirect sur le fond du droit. C'est ainsi que si la *præscriptio fori* est vérifiée et reconnue fondée , la *litis contestatio* ou plutôt le simulacre de *litis contestatio* qui a eu lieu est rétroactivement déclaré inexistant.

La constitution de Théodose et d'Honorius qui forma la constitution 13, *de except.* au Code de Justinien décide , en reproduisant les mêmes principes, qu'on doit invoquer la *præscriptio fori in principio litis.*

Cependant, et par dérogation , il est une *præscriptio* dite *judicis non sui*, qui peut être opposée même après la sentence. Ex. : C. 2, Code, *si non comp. jud.* (7, 48) de Gordien. *Si judex militaris super ea causa de qua civilibus actionibus disceptandum fuit, non datus a quo dari poterat, cognovit, etiam remota appellatione, id quod ab eo statutum est, firmitatem judicati non habet.*

Cette *præscriptio*, en effet, repose sur une incompétence *ratione materiæ*, d'ordre public, à laquelle on ne peut présumer que les parties aient entendu vouloir renoncer.

## CHAPITRE IV.

### Modifications du système des exceptions par suite de changements survenus dans le fond du droit.

*a) Quant aux pactes.* Déjà les Préteurs avaient revêtu d'action les pactes de constitut, de serment et d'hypothèque. Sous Justinien le développement du Droit civil a mené à reconnaître que les pactes de dot, de donation, de compromis, engendrent aussi une obligation civile sanctionnée par une action. Voilà donc une source d'obligations naturelles, et par suite d'exceptions qui commence à tarir, au profit de la classe des moyens de défense directs.

*b*) Sous Justinien, la différence entre les choses *mancipi* et *nec mancipi* est supprimée, ce qui fait disparaître un cas d'application de l'*exceptio justi dominii* : celui où elle était opposée par le *dominus* **ex jure Quiritium** qui avait livré sa chose *mancipi* à l'acheteur par simple tradition.

*c*) L'empereur Justinien par la Constitution unique, Cod. *de usucap. transformandâ* (7 , 31) assimile à l'usucapion, moyen de défense direct, un cas de *præscriptio temporalis*.

*d*) Nous avons enfin à signaler des innovations quant à l'exception *non numeratæ pecuniæ*.

Au temps de Justinien, la différence que faisait le Droit formulaire entre le contrat *litteris* résultant du *chirographum*, et la preuve du contrat résultant des *cautiones* écrites seulement *ad probationem* est fort affaiblie.

L'exception *non numeratæ pecuniæ* subsiste bien, mais quant à la preuve, elle n'incombera plus au créancier comme auparavant ; sur ce point, l'empereur Justin, par une Constitution fameuse, a introduit la distinction suivante : Si dans l'écrit d'où résulte l'engagement la cause est énoncée, il y a comme un aveu du débiteur, et l'on s'en tiendra à sa reconnaissance : *Tunc enim stare eum oportet suæ confessioni*. S'il veut contredire, il devra le faire au moyen de preuves très-évidentes, contenues dans des écrits, *evidentissimis probationibus in scriptis habitis;* si, au contraire, l'écrit est vaguement conçu, *indiscrete loquitur*, c'est au créancier à prouver qu'il lui est dû, et pourquoi il lui est dû (1).

La loi 25, § 4, *de prob.*, du jurisconsulte Paul a été interpolée

(1) C. 13, C. Just. ( 4, 30 ).

dans le même sens par Tribonien ; la mauvaise latinité de cette
loi rend l'altération flagrante, quoiqu'on l'ait contestée.

Quant à la durée de ce que Justinien appelle encore l'exception
*non numeratæ pecuniæ*, Justinien par la Constitution 14, § 1, *de
except. non num. pecun.*, mentionnée aux Institutes, lib. III, tit. 21,
l'a réduite de 5 à 2 ans. Dans le § 4 de cette Constitution, il y a
ceci de remarquable, que l'Empereur fournit au débiteur le
moyen de rendre perpétuelle son exception *non numeratæ pecuniæ* en la dénonçant, *scriptis missis*, au créancier dans un délai
fixé, et dans les formes déterminées ; il étend l'application de ce
procédé à l'exception *dotis non numeratæ* (1).

(1) § 4, *in fine*, de la Const. citée dans le texte. ( C. 4, 30 ).

# DROIT COUTUMIER.

---

## DES MOYENS DE DÉFENSE DURANT LE MOYEN-AGE ET JUSQU'A LA PROMULGATION DU CODE DE PROCÉDURE ACTUEL.

---

### Préliminaires.

---

En passant de la procédure extraordinaire dans le Droit du moyen âge, l'extension qu'avait reçue, en certains cas, le mot *exceptio* fut généralisée à un tel point, qu'il n'est plus possible de distinguer une exception péremptoire d'un moyen de défense ordinaire.

Justinien et ses compilateurs, n'ayant fait que copier les ouvrages des jurisconsultes classiques, avaient maintenu assez exactement la classification des exceptions pour faire croire, jusqu'à un certain point, que la conservation des mots était aussi liée au maintien de la chose.

Les jurisconsultes du moyen âge, surtout après la renaissance des études de Droit romain occasionnée par l'école de Bologne, ne trouvant aucun intérêt de procédure, et ils ne pouvaient y en trouver aucun, à maintenir la distinction entre *exceptio*, *defensio*, *allegatio*, emploient indifféremment ces expressions dans le sens général d'objection, défense.

Nous avons vu, dans l'exposition du système de procédure formulaire, que l'exception romaine devait sa naissance à la dualité des droits, à l'opposition existant entre le *jus civile* et le *jus honorarium*. Cette dualité alla en s'affaiblissant peu à peu jusqu'à ne plus être qu'un souvenir, une tradition juridique qui n'était utile qu'à l'explication historique de quelque question de droit, à partir de l'abolition du système formulaire.

Dans notre ancien Droit national, une pareille distinction dans les sources de la législation serait un anachronisme; d'où cette conséquence que nous espérons d'ailleurs démontrer, par l'examen plus détaillé des moyens de défense dans la procédure du moyen âge, qu'il n'existe pas d'exception dans le sens romain du mot, et que ce qu'on est convenu d'appeler exception correspond à un ordre d'idées tout différent de l'institution prétorienne.

L'opposition entre les moyens *ipso jure* et *exceptionis ope* n'existe plus, et l'expression de *plein droit*, que nous voyons employée par nos jurisconsultes coutumiers, est loin d'être prise par opposition aux moyens d'exception.

Un des caractères essentiels de l'exception en Droit romain, et qui la distingue des moyens de défense directs, consiste en ce qu'elle fait valoir au profit du défendeur, et par un seul procès, certaines circonstances auxquelles le Droit civil, l'*ipsum jus*, n'attachait aucune importance au point de vue de la défense. Cette distinction n'offrait à nos coutumiers aucun intérêt, et c'est pourquoi encore *defensio* et *exceptio* furent employés l'un pour l'autre.

L'exception dilatoire n'est plus, comme cela avait déjà lieu du temps de Justinien, qu'un simple incident de procédure : *Dilatoriæ sunt*, nous dit Cujas, *quæ non excludunt protinus actionem, sed differunt et sustinent, et impediunt ne vim suam exerceat sta-*

*tim. Ut exceptio fori , quotiens dicitur non apud eum judicem agi ,
cujus ea de re jurisdictio est , et mutandum esse judicem (1).*

Cette confusion, que nous allons remarquer entre les mots *exceptio, allegatio, defensio* , et sous lesquels on désigne tous les
moyens de défense en général, s'explique très-bien si on se place
au point de vue de la procédure coutumière et canonique. Nos
coutumiers classifient les moyens de défense non d'après la qualité des droits qui leur servent de base, mais d'après l'influence
que ces moyens exerçaient sur le résultat de la demande en général. La procédure est pour eux parfaitement distincte du fond
du droit et ne sert que d'instrument à ce dernier. Bien loin de
voir dans ce fait une raison de blâme, nous y voyons plutôt un
progrès dans la compréhension du rôle que la procédure doit ac-
complir vis-à-vis du Droit positif. Cette séparation avait si bien
pénétré dans les idées de ce nouveau Droit , que tous les efforts
des meilleurs jurisconsultes ne parviennent pas à faire renaître une
idée de l'exception qui se rapproche exactement de l'exception romaine. Le mot était resté, mais son sens avait été profondément
modifié. Cujas lui-même ne semblait pas avoir sur la vraie nature de l'exception des notions bien précises quand il disait :
*Est autem exceptio (peremptoria), intentio sive defensio ejus quo
cum agitur actioni contraria , vel allegatio competens reo.*

On est encore allé bien plus loin. Non-seulement on appliqua
la qualification de *defensio* et d'*allegatio* à ces moyens que le Droit
prétorien faisait valoir à l'aide d'une *exceptio*, mais encore à des
défenses que le Droit romain classique n'avait jamais connues sous
ce nom. Nos auteurs canoniques et coutumiers répètent sans hé-
siter : *exceptio solutionis, novationis*, etc.

Ce changement dans les mots s'explique très-bien par le changement dans les choses.

Notre ancienne pratique judiciaire , en prenant pour exemple
l'organisation du système extraordinaire , n'ayant pas au point
de vue de la procédure un intérêt suffisant pour distinguer les
exceptions des moyens de défense directs, les a confondus sous
la même dénomination. Quel'allégation invoquée par le défendeur

_____

(1) *Ad Codicem* , tit. XXXV, *de except.* , tom. 1, p. 223.

repose sur un droit indépendant, ou qu'elle consiste dans la prétention de la non-existence actuelle du droit du demandeur, notre Droit coutumier ne distingue pas, c'est toujours une *défensio*, *allegatio*, *exceptio*, par exemple, *exceptio solutionis*, *pacti conventi*.

Les glossateurs, en parlant des exceptions, s'éloignent fort de l'ancienne terminologie romaine, et en croyant faire du Droit romain pur, ils divisent les exceptions en *exceptiones facti* et *exceptiones juris*, division qui ne correspond à aucune classification prétorienne.

Cette distinction est faite dans la glose du texte suivant: *Exceptio dicta est quasi quædam exclusio quæ opponi actioni cujusque rei solet ad cludendum id quod in intentionem condemnationemve deductum est.* Les glossateurs expliquent ce texte ainsi: *Intentionem: quæ intentio vel ipso jure tenet, et tunc dicitur exceptio actionis, vel ipso jure non tenet et tunc dicitur exceptio intentionis et hoc est quod dicunt exceptio facti* (1).

Godefroy, dans l'édition duquel nous puisons la glose, l'annote à son tour, en ajoutant: *Exceptio intentionis dicitur hic* (2) *quando actor agit sine ratione, ita ut nulla ei actio competat. Tunc quidquid opponit reus dicitur exceptio intentionis et facti. Proprie vero dicitur exceptio quando actori competit actio sed agit de facto, non id quod opponit reus, vocatur defensio.*

La grande préoccupation de tous les anciens auteurs était, comme on voit, d'introduire dans la pratique les institutions du Droit romain; mais, comme ils ne se trouvaient pas sur le terrain sur lequel on aurait pu les implanter, ils ne parvinrent qu'à amonceler controverses sur controverses, et confusions sur confusions.

Ce résultat était inévitable, tant il est vrai qu'une institution nationale, et la procédure comme les autres, ne peut réellement prospérer que sur le sol où elle est née, que des essais d'importation étrangère n'ont jamais réussi, si ce n'est quelquefois en donnant des résultats tout différents de ceux qu'on s'était d'abord

(1) Glos., v. *Intentionem* sur la l. 2, pr. Dig. *de except.* (41, 1).
(2) L. 2, § 7, Dig., *de pactis* (2, 14).

proposés. L'histoire de tous les peuples nous en fournirait les plus éclatants témoignages.

Ajoutons encore que l'affaiblissement des études juridiques depuis Justinien contribua beaucoup à faire oublier l'antique tradition de la procédure formulaire. Les esprits étaient déjà peu dirigés vers l'étude des questions, ne présentant qu'un intérêt historique; et lorsque le législateur recourait aux monuments de l'ancienne jurisprudence, c'était pour les dénaturer en les appropriant à d'autres buts pour la satisfaction de besoins nouveaux.

Un phénomène analogue se présente dans notre Droit coutumier et dans le Droit canonique. Les jurisconsultes emploient souvent les expressions romaines sans en comprendre le sens primitif et en leur attribuant la signification qui s'accordait le mieux à l'organisation sociale. C'est un exemple de ce principe que j'entendis prononcer un jour par un éminent professeur de l'Université de Vienne, M. Laurent de Stein : Le droit positif change avec les rapports sociaux (1).

## CHAPITRE Ier.

## Des exceptions en Droit canonique.

« Le Droit canonique, dit Toullier, est l'une des législations qui ont contribué à éclairer l'Europe et à perfectionner sa jurisprudence... Les formes de procéder, dans presque toute l'Europe, ont été puisées dans le Droit canonique. Au fond, ses principes se rapprochèrent de la raison et de l'équité naturelle, et beaucoup plus en certains points que les lois romaines, dont il corrigea plusieurs subtilités. Son étude même, encore aujourd'hui, peut répandre beaucoup de lumières sur plusieurs parties de la jurisprudence. »

(1) *Cours de Philosophie du Droit*, semestre d'été 1871.

Jusqu'à la fin du xiiiᵉ siècle, le Droit canonique domina dans une grande partie de l'Europe et exerça même la plus grande influence sur le développement du Droit coutumier, à côté duquel il maintint son crédit. Nous allons essayer de présenter maintenant le système des exceptions tel que nous le trouvons dans le célèbre *Speculum juridicum* de Guillaume Durand et dans l'*Ordo judiciarius* de Pillius, Tancredi et Gratia, et enfin dans le *Corpus juris canonici*, en recherchant les modifications que les auteurs canoniques ont apportées à l'idée romaine de l'exception.

Nous avons déjà dit combien le rôle de l'exception fut étendu et généralisé, jusqu'à se confondre avec des défenses au fond et les simples moyens de procédure. *Reo ope exceptionum sæpe subvenitur*, dit Tancredi, *quæ interdum ad judicem declinandum, interdum ad elidendam actionem reo competunt.* Voilà tout d'abord la qualification d'*exceptio* appliquée aux simples déclinatoires.

Il divise ensuite les exceptions dilatoires en deux classes : 1º *declinatoriæ judicis*, 2º *dilatoriæ solutionis*, par opposition aux exceptions péremptoires.

## PREMIÈRE SECTION.

### Exceptiones declinatoriæ judicis.

Ces moyens peuvent être puisées à quatre sources différentes :

1º *Ex ipsa jurisdictione*, si le défendeur étant clerc on l'appelle devant un juge séculier, il peut faire reconnaître l'incompétence de ce dernier.

2º *Ex persona ipsius judicis*, dans le cas où le défendeur voudrait prouver que le juge est *infamis* ou *excommunicatus*.

3º *Ex persona actoris vel procuratoris*, moyen par lequel, pour différer l'instance, on opposait au demandeur ou à son fondé de pouvoirs l'excommunication qu'il avait encourue (1).

(1) *Decret. Greg.*, ix, ch. 8, tit. 25.

4° *Ex persona ipsius rei*, exception basée sur un empêche-
ment légitime, par suite d'une charge ou d'un emploi occupé par
le défendeur.

Dans quel ordre et dans quelle période du procès ces *exceptiones
declinatoriæ* devaient-elles être invoquées ?

Les canonistes reproduisent ici la règle du Droit romain dans le
dernier état du système formulaire, relative tant aux *præscriptiones* qu'aux *exceptiones dilatoriæ;* c'est *inter exordia litis, in
limine litis*, avant la *litis contestatio*, qu'il faut les alléguer.

Mais il s'éleva parmi eux une controverse sur le point de savoir
dans quel ordre ces exceptions devaient être présentées. Tancredi,
approuvé par Gratia, est d'avis de suivre l'ordre d'énumération
indiqué ci-dessus, et de les présenter séparément. Suivant d'autres canonistes, on aurait pu présenter les exceptions *declinatoriæ
judicis*, à la fois, tant celles qui sont dirigées contre l'incompétence ou l'indignité du juge, que celles qu'on base sur la qualité
de la personne du demandeur ou du défendeur.

Tancredi rejette cette opinion parce que l'exception de suspi-
cion ne peut plus être opposée simultanément avec les autres ;
récuser le juge et dire que les lettres du procurateur sont fausses,
sont choses qui s'excluent.

Dans un autre système enfin, on décide que le défendeur
proposera arbitrairement celle qui lui conviendra le plus, en faisant réserve des autres. C'est à ce système que Beaumanoir fait
allusion (1) quand il dit : *En cort de crestienté on peut plaider sur
une reson et retenir les autres et les avancer après que jugement a
été rendu sur celle-ci.* Tancredi fait observer que si on emploie ce
procédé, le juge, conformément à son *officium*, et pour couper
court aux longueurs du procès, pourra fixer un délai passé lequel
il ne sera plus permis au défendeur d'opposer de nouveaux déclinatoires (2).

Le Droit canonique a emprunté au Droit romain la dérogation

(1) Beaumanoir, ch. 7, § 14, *Coutume de Beauvoisis.*
(2) X, 3, *de except.*, 2,16, c. 3.

qu'il faisait à la règle que les *præscriptiones* ou les *exceptiones dilatoriæ* devaient être présentées *in limine litis*, en faveur du déclinatoire *judicis non sui ratione materiæ*, lequel pourra être invoqué jusqu'après la prononciation de la sentence (1).

## DEUXIÈME SECTION.

### Exceptiones dilatoriæ solutionis.

Tancredi en cite pour exemple l'exception basée sur le pacte *de non petendo intra certum tempus.* Pillius nous dit qu'on doit invoquer ces moyens *in ipsa litis contestatione* et non *ante litis contestationem* comme les *exceptiones declinatoriæ judicis.* Nous comprenons cette distinction en ce sens que notre canoniste compte l'introduction d'instance à partir du moment où les parties sont d'accord sur la compétence du juge et avant toutefois les débats sur la question du fond. Ce serait entre ces deux périodes du procès que Pillius place la *litis contestatio.* Tancredi nous fait observer que s'il faut proposer les *exceptiones dilatoriæ in ipsa litis contestatione*, le *reus* n'est tenu de les prouver que si le demandeur justifie du bien fondé de son *intentio* (*intentione actoris fundata*).

Le premier ne nous parle que de la présentation, le deuxième de la délivrance de la preuve.

Le défendeur pourra toutefois invoquer des exceptions dilatoires, même après la *litis contestatio* si leur naissance est postérieure à celle-ci, *si de novo incipiunt* ou si elle jure n'en avoir eu connaissance qu'après (2). Cette règle était surtout applicable à l'*exceptio dilatoria excommunicationis : Reus in qualibet parte litis excommunicationem contra actorem objiciens auditur : et si malitiose distulerit, in expensis condemnatus* (3).

(1) X, 3, 1,22, c. 1.
(2) X. 3, *de except.* 2, 10, c. 3. — Décret. Grég. IX, tit. 23, ch. 4.
(3) Décret. Grég. IX, tit. *de except.* cap. 12.

## TROISIÈME SECTION

### Exceptiones peremptoriæ.

Paul Lancelot, dans ses *Institutiones juris canonici*, les définit ainsi : *Peremptoriæ exceptiones sunt quæ jus actoris perimunt et semper agentibus obstant*, et au § 10 il ajoute expressément : *Peremptoriæ seu elisoriæ exceptiones sunt quæ (in) totum jus agentibus obstant : qualis est : doli mali, metus, pacti conventi, solutionis jurisjurandi, præscriptionis.* Guillaume Durand, dans son *Speculum* adopte la même nomenclature, ainsi qu'il résulte des expressions du § 5 du *Summarium* du titre *de exceptionibus* : *Exceptio solutionis an perimat obligationem civilem aut naturalem.*

De quoi se préoccupent surtout les canonistes pour placer sur la même ligne le payement et toute exception tirée d'un pacte de remise par exemple? Du résultat final, c'est-à-dire de l'influence que ces allégations pouvaient exercer sur la prononciation de la sentence. C'est une erreur au point de vue des jurisconsultes qui assistaient le Préteur, mais faut-il prétendre pour cela que ces canonistes commettaient une inexactitude absolument anti-juridique? Ne semble-t-il pas étrange de vouloir corriger leurs opinions en disant qu'ils se sont trompés ou qu'ils auraient dû peut-être ne pas laisser à Niebuhr le soin de découvrir le texte de Gaius? S'ils considéraient le payement comme pouvant servir de base à une exception, c'est-à-dire à une exception canonique, est-ce dire autre chose si ce n'est que le mot *exception* avait été pris dans un sens différent de celui introduit par la jurisprudence romaine?

Il n'y avait donc, pour les canonistes, aucune différence assez éclatante entre l'*exceptio solutionis* et l'*exceptio pacti conventi*, quant au résultat final et à la délivrance de la preuve pour ne pas les mettre sur la même ligne. L'existence d'un droit indépendant omme base de l'exception les préoccupait fort peu.

En outre, si nos auteurs canoniques font une distinction entre les moyens de défense négatifs ou affirmatifs, ils n'y voyent d'autre intérêt que pour déterminer à qui doit incomber le fardeau de la preuve. Pillius nous dit en effet : si le défendenr *excipit affirmative* en alléguant l'usucapion, la compensation, le payement, dans ce cas, il paraît et est présumé avouer l'*intentio* de l'adversaire qui n'en aura pas ainsi la preuve à sa charge.

Mais *si excipit negative*, s'il prétend qu'il n'y a pas eu mandat, numération ou dation, c'est au demandeur qu'il fait incomber le fardeau de la preuve et on dit alors : *non utique existimatur confiteri de intentione adversarii qui exceptione utitur* (1).

A quel moment faudra-t-il présenter les exceptions péremptoires ?

On peut en faire la présentation avant la *litis contestatio* dit Durand, mais il ne sera nécessaire de les prouver qu'après. La présentation avant la *litis contestatio* ne semble pas toutefois être d'une application bien rigoureuse, puisque Pillius (2) nous dit à son tour : si une exception péremptoire a été omise, il suffira de la proposer avant la prononciation de la sentence, *antequam sententia feratur* (3). Durand lui-même (4) résume ainsi les règles relatives à cette question. 1° Le *reus* peut prouver une *exceptio peremptoria* avant la *litis contestatio*, mais cela lui est inutile. 2° *Exceptiones peremptoriæ possunt usque ab conclusionem causæ proponi.*

Comment et à quel moment s'opérait la *litis contestatio* en Droit canonique ?

Examinons d'abord comment s'instruisait le procès. Tancredi nous donne sur ce point de précieux renseignements. « *Cum aliquis vult agere, primo petitionem suam et petitionis causam, in suo libello debet explanare ; qui libellus porrigendus est judici ab actore et per judicem efferendus est reo.* »

---

(1) L. 9, Dig., de except. (11,1).

(2) *Ordo judiciarius*, part. 2, § 2.

(3) Comp. C. 8, Cod. de except. (8,36), C. 2, Cod. (7,50).

(4) *Speculum*, § 3 et 5 du summ. tit. de except.

Le juge demande au défendeur ce qu'il a à répondre, et si ce dernier nie le contenu du libelle, prétend l'ignorer, ou ne pas être tenu à ce qui est exigé dans le libelle, il est réputé avoir fait *litis contestatio* (1), c'est-à-dire avoir quasi-contracté judiciairement.

La présentation d'une exception péremptoire pouvait-elle opérer la *litis contestatio?*

Les Canonistes paraissent avoir été divisés sur ce point. Durand et Gratia soutenaient la négative (2). Cette opinion se trouve confirmée par les Décrétales du pape Sixte (3).

D'où la conclusion, quant à la présentation des exceptions péremptoires, qu'après en avoir invoqué certaines, si elles ne sont pas *litis ingressum impedientes*, on pourra en alléguer d'autres après avoir succombé dans la délivrance de la preuve des premières (4).

Quel était l'office du juge canonique en matière d'exception?

Le Droit canonique laissait au juge une bien plus grande liberté d'appréciation dans l'examen des exceptions que n'en avait eu le *judex* romain du temps du système formulaire. Ici, il remplit le rôle d'un vrai magistrat, il écoute toutes les allégations du défendeur, et en pèse la valeur. Si elles lui paraissent mal fondées, *frivolæ*, ou présentées par esprit de chicane, il les rejette purement et simplement; paraissent-elles au contraire sérieuses, *validæ*; il fixera un délai pendant lequel le défendeur devra fournir les preuves à l'appui, sauf, bien entendu, pour les *exceptiones peremptoriæ quæ usque ad causæ conclusionem possunt proponi.*

A l'expiration du terme le juge prononce un interlocutoire en faveur du défendeur ou contre lui et avec dépens, s'il n'a pu

(1) X. G. *de restit. spol.* 2. 13. C. 18.
(2) X. G. *de for. comp.* 2, 2, c. 8, c. 18; *de ord. cogn.* 2, 10, c. 2.
(3) Décret. Sixt. lib. 2, tit. 3, *de except.*, c. 1. Innocent IV, dans une *pastoralis* y insérée ajoute : *Peremptoria (exceptio) litis contestationem non impedit : nisi sit de re semel finita :* p. ex. : transaction, chose jugée.
(4) Beaumanoir, ch. 7, § 11. *Cout. de Beauvaisis.*

8

fournir de preuves suffisantes (1). Ce jugement interlocutoire était susceptible d'appel.

Le Droit canonique a puisé dans le Droit romain la règle « *quæ temporalia ad agendum perpetua ad excipiendum* (2) » Il admet de plus, comme nous l'avons vu, le cumul de plusieurs exceptions, l'usage des *duplicationes* et des *triplicationes*. Ce qui fait dire à Beaumanoir : « Mais en cort de crestienté, baroient-ils par tant de fois comme ils font retenue que il apelent protestation et comme il poent trouver reson l'une partie contre l'autre, et por ce baillent-ils triplications au deffendeur contre les replications du demandeur, et après ils baillent quadruplications au demandeur contre les triplications du deffendeur. » Tel n'était pas l'usage devant les tribunaux laïques (3).

Si, quant à la terminologie, les canonistes conservent ici les traditions du Droit romain, ils n'étendent pas moins leurs idées particulières sous cette apparence romaine. Ils allèrent même jusqu'à supprimer une des causes les plus fréquentes d'exceptions en Droit romain en donnant aux pactes la même force d'obligation qu'aux contrats. Il faut voir là un véritable progrès dans l'idée du Droit, dont les formes extérieures perdent d'autant plus de leur importance que la législation se spiritualise en se perfectionnant. Le mérite de ce perfectionnement revient tout entier au Droit canonique.

Le Droit romain admettait la règle générale : *pacta nuda pariunt exceptionem, sed non pariunt actionem*.

La raison de ce principe doit être cherchée dans l'organisation de l'ancienne procédure romaine (4) et dans l'immixtion du Préteur dans l'octroi des actions. Dire purement et simplement que l'exception était un moyen plus faible que l'action nous semble une inexactitude de langage, commise d'ailleurs par la généralité des auteurs. Chaque moyen était, dans sa sphère naturelle, aussi fort l'un que l'autre, il faut seulement ajouter que le rôle de

(1) Voir sur la fixation de ce délai : Décret Greg. ix, *de except.* c. 4 et 12.
(2) Pillius, § 2 ; nous reviendrons plus tard sur l'explication de cette maxime.
(3) Beaumanoir, *Cout. de Beauv.*, *loc. cit.*
(4) Voyez plus haut : 1re partie, *des moyens de défense dans l'ancien Droit*.

l'exception était plus restreint que celui de l'action, en ce sens que le premier moyen dépendait de la présentation du second.

Le Droit canonique, suivant en cela les vrais principes de la raison naturelle, rendit complète, au point de vue de la force obligatoire, l'assimilation des pactes et des contrats.

Ce fut dans le Concile de Carthage que fut pour la première fois affirmé ce principe : *Pacta serventur*, *pacta custodiantur sub ecclesiastica disciplina* (1), qui fut désormais accepté par toutes les cours d'Eglise.

Cette maxime fut adoptée en Droit coutumier et Beaumanoir, et le livre de Justice et de Plet la reproduisent sous cette formule : *Convenance vainc loi.*

Malgré l'influence des romanistes qui voulaient faire revivre l'ancienne distinction entre les contrats et les pactes, Boutelier et Jean Faber affirment encore : *omne pactum parit actionem.* D'Argentré reproduit à ce sujet une décrétale d'Alexandre III, en disant : « que le juge ait soin que toutes les promesses soient accomplies. » Loysel emploie cette expression pittoresque pour exprimer la même idée : « on lie les bœufs par les cornes, les hommes par conventions (2). » Au xviiie siècle, Serres nous dit : « Toutes les obligations en France sont valables par le seul consentement des parties (3). » Tel était l'avis de Pothier reproduit par l'article 1134 de notre Code civil.

Pour présenter notre sujet avec plus de clarté, nous croyons utile d'adopter la division qui correspond assez exactement à deux périodes distinctes ; l'une qui s'étend du xiiie au xviiie siècle, l'autre du xviiie siècle jusqu'à la promulgation de nos Codes actuels.

(1) Voyez sur ce point le cours de M. Ginoulhiac, professeur de Droit coutumier à la Faculté de Droit de Toulouse, du 26 avril 1869.

(2) Inst. cout., liv. iii, tit. i, règl. 2.

(3) Inst. lib. iii, tit. 23.

。

## CHAPITRE II.

### Des exceptions en Droit coutumier depuis le XIII° jusqu'au XVIII° siècle.

Le premier auteur français qui essaya de résumer par écrit les règles en usage dans la Procédure coutumière, fut Pierre de Fontaines, dit Ducange, ainsi qu'il nous l'apprend lui-même : « Nus, dit-il, n'entreprit onques devant moi ceste chose dont j'aie exemplaire. » Beaumanoir, dans sa Coutume de Beauvaisis, nous donnera, lui aussi, les renseignements les plus précieux sur l'organisation générale du Droit à son époque, et son jugement nous permettra souvent de porter un regard plus assuré sur les origines de notre Droit français, relativement au sujet qui nous occupe. Nous ne croyons mieux faire que de citer textuellement l'appréciation que M. Beugnot, le savant éditeur des écrits de ce jurisconsulte, a porté sur la valeur et l'esprit de la célèbre Coutume de Beauvaisis.

« Telle était vers la fin du XIII° siècle la situation du Droit civil en France; il avait des partisans qui, en voulant l'assujettir au joug de la jurisprudence romaine, portaient le désordre dans ses fondements, et des adversaires qui se servaient de la popularité du Droit canonique pour lui enlever toutes ses prérogatives. Un esprit sage et éclairé pouvait, dans de telles circonstances, rendre à la législation française un service signalé qui consistait à poser les bases du Droit national, en puisant à la fois dans le Droit naturel et dans les anciens usages du pays, et à élever sur ce solide fondement un édifice auquel contribueraient dans une sage mesure et selon que les règles d'une pratique éclairée et sans prévention le permettraient, les lois romaines et celles des Pontifes. Voilà ce qu'exécuta avec un succès complet Philippe de Beaumanoir. Ce fut lui qui, pour nous servir d'une expression de Loysel, rompit la glace et ouvrit le chemin, c'est-à-dire qui apprit aux Français qu'ils possédaient en dehors du Droit romain et du Droit canonique une législation véritablement nationale qui pouvait vivre et se développer par ses propres moyens. »

A ces fondateurs du Droit français, nous devons en ajouter un autre. Boutelier qui nous a donné un ouvrage du plus grand intérêt dans sa « *Somme rurale* ou *Grand Coutumier*, journal de pratique civil et canon, » ainsi qu'il est intitulé dans l'édition de Charondas.

Tout en voulant créer un Droit distinct véritablement national, ces jurisconsultes ne négligèrent pas le secours du Droit romain et du Droit canonique (1). En s'inspirant des principes contenus dans les règles de l'Eglise et du Droit romain, ils se gardèrent bien de porter la plus légère atteinte à l'indépendance de la coutume ; ils comblaient les lacunes de notre législation encore incomplète, mais en ayant soin de ne jamais modifier le fond du Droit ; ils assujettissaient, en quelque sorte, non la coutume au Droit étranger, mais le Droit étranger à la coutume. Le tableau des moyens de défense que nous allons tracer va nous en donner les plus frappants exemples. Tout d'abord, une expression toute nouvelle dans la procédure vient nous donner déjà une idée du changement qui s'est opéré dans l'organisation de la défense, et dans l'esprit qui anime nos jurisconsultes coutumiers. Le mot *exceptio* ne correspond plus exactement à' une institution juridique nationale, ce mot n'a pour eux de sens qu'en lui donnant pour traduction française l'expression *barre*, qui est bien loin de présenter les caractères que nous avons reconnus d'une manière si tranchée dans l'exception du système formulaire romain : « *Nous appelons baroyer les resons que li deffenderes met contre ce qui li est demandé*, » dit Beaumanoir (2). De Laurière annotant Loysel, nous explique ainsi le sens du mot *barre* : les exceptions ont été appelées *barres*, par nos anciens praticiens, parce qu'elles arrêtent celui qui intente un procès, comme une barrière arrête l'ennemi. » Il n'y a plus ici

(1) V. Cours de M. Ginoulhiac, professeur à la Faculté de Droit de Toulouse.
(2) Coutume de Beauvaisis, ch. 7.

d'équité à faire valoir contre le Droit civil , plus de droit indépendant nécessaire pour distinguer les moyens directs ou indirects ;
une exception est par cela telle, si elle peut servir d'obstacle contre
une allégation de quelque côté qu'elle émane, soit du défendeur ,
soit du demandeur. L'exception fut toujours comprise comme une
*barre* , le plus souvent toutefois comme une objection présentée
par le défendeur. Charondas, en se référant à Boutelier s'exprime
ainsi : « L'exception est, comme parle un vieil practicien que j'ay
escrit à la main , l'allégation du défendeur contre l'action du demandeur. » Prétendre donc qu'on a payé la dette, qu'une compensation doit avoir lieu, qu'il y a eu serment, chose jugée, novation
ou quelqu'autre moyen analogue, tout cela n'est plus employer des
moyens *exceptionis ope* ou *ipso jure*, c'est *baroyer*.

Tous nos auteurs coutumiers sont unanimes pour reconnaître
deux sortes de moyens de défense ; cette division repose sur la
nature même des choses. Les uns sont destinés à retarder la discussion du litige, exceptions dilatoires ; les autres se rapportent
au fond même de la contestation, on les nomme exceptions
péremptoires. Nous suivrons cette division dans les deux paragraphes suivants.

## PREMIÈRE SECTION.

### Des exceptions dilatoires.

Beaumanoir nous apprend dans quel but elles étaient présentées : « Elles sont, dit-il, pour alongier la demande, ce sont resons
qui ne servent fors que le plet delaier. » Il nous en donne pour
exemple : Si un individu allègue qu'il n'est pas suffisamment cité,
qu'il suspecte son juge, qu'il est mal convenu devant le juge , ou
qu'il prétende qu'il y a terme à l'exigibilité de son obligation. Et
Voët, à la fin du XVIIe siècle ne change rien au sens indiqué par
Beaumanoir ; il définit les exceptions dilatoires : *Quæ actionem in
aliud tempus differunt, adeoque semel objectæ non semper obstant
sed temporalem tantum effectum habent.*

Remarquons, en passant, que le Droit laïque, contrairement au Droit canon, n'admet pas l'exception dilatoire d'excommunication. « Exception d'excommunication n'a point de lieu en court laie (1). »

Dans quel ordre faut-il invoquer ces exceptions dilatoires ?

Beaumanoir s'exprime ainsi sur ce point : « Qui se veut aider des resons qui ne font fors que le plet delaier, il les doit dire avant que celes qui poent faire la querele périr, où il y aurait renoncié. Car si je me défendais sur ce qu'on me demande, je ne pourrais plus ensuite alliguer terme ou respit. Le plet entamé, on ne peut revenir sur les resons qu'on avait pour le plet delaier. » A la différence de ce qui avait lieu devant les cours ecclésiastiques on ne pouvait présenter successivement toutes sortes d'exceptions dilatoires : « En cort laie, continue Beaumanoir, on ne peut retenir, c'est-à-dire présenter successivement les resons que l'on veut invoquer, bien qu'en opposant les dilatoires on puisse faire retenue des péremptoires : Por ce, dit-on, c'on ne baroie qu'une fois en le cort laie. »

Au XVIe siècle, on sépare les déclinatoires des dilatoires proprement dites, en se réglant uniquement sur le mode et le rang de présentation ; « Qui de barres se veut aider, dit Loysel, doit commencer aux déclinatoires pour venir aux dilatoires, et finalement aux péremptoires ; et si la dernière met devant on s'aidera des premières. »

Il paraît que de graves abus s'étaient introduits dans la manière dont les juges procédaient au jugement des déclinatoires. Ceux-ci les mettaient, selon l'expression consacrée, en appointement, c'est-à-dire ils retardaient indéfiniment d'y faire droit, de sorte que lorsqu'on arrivait à les vider, tous les frais occasionnés par la discussion du principal devenaient souvent frustratoires, ce que Pasquier appelait, avec raison, une vraie moquerie de justice.

Les abus en étaient venus à ce point qu'Henry III, faisant droit aux doléances du Tiers-Etat, se vit obligé d'intervenir pour remé-

(1) *Inst. cout.*, Loysel, regl. 8, liv. 5, tit. 2.

dier à cet état de choses, en insérant dans l'ordonnance de Blois l'article 154, ainsi conçu : « Les fins de non-procéder (déclinatoires) seront jugées sommairement par nos juges sans appointer les parties à mettre par devers eux..... » La peine sanctionnant cette disposition était la prise à partie contre le juge contrevenant.

Les mêmes règles se trouvent reproduites par Voët (1).

Observons enfin que nos jurisconsultes coutumiers, comme les romanistes et les canonistes, distinguent aussi le moment de la *litis contestatio*, qu'ils désignent par ces mots : « Le plet est encarquiés, » ce qui correspond au *judicium acceptum* romain.


## DEUXIÈME SECTION.

### Des exceptions péremptoires.

Les exceptions péremptoires, en Droit coutumier français, sont, nous enseigne Beaumanoir, « resons qui sont si fors de eles meismes que toute la querele en pot estre gaaignée », ou bien encore, « resons où toute la querele queurt. » Pasquier nous en donne une définition tout aussi générale : « La péremptoire est que le demandeur estant recevable à agir, il est néanmoins mal fondé au fond par le moien des titres et enseignements dont est pourvu le deffendeur, ou d'une longue possession ou autrement. »

Nos anciens auteurs, Beaumanoir, Pasquier, Dumoulin, Faber, Voët, ne distinguent plus les moyens en *ipso jure* ou *exceptionis ope ;* ils s'attachent peu à examiner la nature du droit qui compète au défendeur pour repousser la prétention du demandeur. Ils ne peuvent plus trouver d'intérêt à distinguer si le Préteur ou le Droit civil a introduit telle ou telle décision dans le Droit positif; ils examinent surtout le résultat final sans se préoccuper de la forme ou de l'origine de l'allégation. L'objection est une exception péremptoire « où toute la querele queurt » et le paie-

---

(1) Voët, ad. lib. 44, tit. 1, *de except.* § 6.

ment en est bien une ; c'est sur quoi tous nos auteurs sont d'accord.

On avait cependant essayé d'introduire une classification, et ces efforts furent dus à l'influence du Droit romain, où nos jurisconsultes voyaient tout si bien coordonné et réglé, qu'ils éprouvèrent, eux aussi, le besoin d'imiter en cela la législation qu'ils se proposaient si souvent pour modèle. L'occasion aurait été, ce nous semble, bien favorable ici pour introduire dans la Coutume une traduction pure et simple de quelque loi romaine, dans laquelle les moyens *ipso jure* auraient été soigneusement distingués des moyens *exceptionis ope*, et ceux-ci de nouveau classifiés d'après le tit. xiii, liv. iv des Institutes de Justinien.

On a procédé tout autrement : les moyens de défense sont divisés en deux catégories : les *exceptiones juris* et les *exceptiones facti*.

Beaumanoir semble y faire une allusion bien faible (1) quand il dit : « Si comme çascune partie allegue resons de droit ou de faict, ou de coutume, pour conforter l'intention. »

Dans un autre passage, il divise en deux classes les moyens de défense au fond (2).

« Deux moyens sont de deffences fere en cort laie, dont çascune souffit : l'une de nier directement, l'autre de proposer fait contraire et d'en offrir la preuve. » Exemple : on me demande un cheval qu'on me prêta ; je réponds : ce cheval, le demandeur me l'a vendu, je vais le prouver. Cet exemple est l'allégation du fait contraire et de l'offre de la preuve ; nier directement, au point de vue de Beaumanoir, aurait été : vous ne m'avez pas prêté le cheval, j'attends que vous fassiez la preuve de ce que vous avancez. Pour nous servir de la terminologie de M. de Savigny, nous dirions : la négation relative a été confondue avec l'allégation de droits indépendants servant de base à des moyens indirects. Nous allons voir que cette division ne correspond d'ailleurs à aucune idée romaine.

Charondas, voulant séparer en plusieurs catégories les moyens

(1) *Loc. cit.*, § 13, ch. 7.
(2) *Ibid*, § 22, ch. 7.

de défense, écrit dans ses *Pandectes de Droit français* que les péremptoires ou défenses se divisent en trois classes : 1° de droit , 2° de fait , 3° mixtes ou mêlées des deux.

1° *De droit*, c'est-à-dire qui dépendent du Droit reçu en France lois et constitutions romaines, Ordonnances royaux et Coutumes. Exemples : chose jugée , transaction , quittance, convention par écrit, compensation, novation, prescription, nullité de contrat , péremption d'instance.

2° *De fuict* , consistant en une seule allégation de preuve et de fait. Exemple : le paiement, promesse de ne jamais demander.

3° *Mixtes ou mêlées*, fondées en raison de droit, conjointes avec la preuve de fait; exemple : on dénie que le demandeur soit héritier du défunt, on allègue la prescription de dix ans entre présents, de vingt ans entre absents, ou une défense tirée de l'âge, ou une fin de non-recevoir établie par les Ordonnances, Arrêts et Coutumes, contre les marchands ou à propos de salaires ou vacations.

La première division rappelle l'origine des exceptions telles que l'indique Justinien : *Quarum quædam e legibus vel ex iis quæ legis vicem obtinent* (2); mais les exemples indiqués par les jurisconsultes français indiquent bien que l'intérêt de la division doit être cherché autre part que dans l'existence d'un droit du défendeur mis en conflit avec la prétention du demandeur : la nullité du contrat et la novation ne sont pas opposées comme moyens d'exception en Droit romain. Si je prétends prouver la nullité du contrat, je n'alléguerai pas un moyen indirect , et l'examen de cette défense était contenu sans indication spéciale dans l'ordre délivré au *Judex* par le Préteur.

La deuxième catégorie comprend le payement et le pacte de ne jamais demander. Les pactes ayant, en Droit français, le même effet que les contrats, l'invocation d'une pareille objection n'est autre chose qu'une négation directe du prétendu droit du demandeur.

Des exceptions appelées mixtes, il serait bien difficile de tirer

(1) Inst, Just. , § 7 ; *de except.* , liv. 13, § 7.

un argument pour démontrer la continuation de l'idée de l'exception romaine. Cette classification est si contraire à l'esprit et aux
textes du Droit romain, que les auteurs qui prétendent trouver
encore dans ces défenses les caractères de l'exception, sont obligés d'effacer en quelque sorte les exemples qui ne peuvent cadrer
avec leur système, pour s'attacher exclusivement à l'examen des
faits qui s'accordent avec l'idée qu'ils se sont faite de l'exception.
Imposer au mot exception une restriction technique serait évidemment contraire à l'enseignement que nous tirons de l'histoire
de notre Droit français et à la terminologie de toute notre ancienne jurisprudence.

Il nous reste à examiner à quel moment de l'instance les barres
ou exceptions devaient être produites.

Toutes les objections, de quelque nature qu'elles fussent, devaient
être présentées avant que le jugement fût porté (1), puisque c'est
sur elles, en effet, que doit se régler la sentence du juge. On ne
devait pas non plus surprendre la bonne foi du demandeur, en lui
cachant les bonnes raisons qui l'auraient déterminé, peut-être, à
se désister, pour ne les présenter que lorsque le procès a été déjà
longuement discuté et occasionner ainsi, malicieusement, l'avance
de frais inutiles que le demandeur ainsi surpris aurait dû supporter (2).

Une dérogation avait lieu si on prétendait avoir été victime d'une
violence injuste; le juge était alors compétent pour examiner la
question, même après que le plet était entamé (3). On conçoit aisé-
ment les motifs d'une telle décision.

Cette nécessité pour le défendeur de présenter ouvertement tous
ses moyens de défense produisait des effets rigoureux. Le défen-

---

(1) Beaumanoir, *Cout. de Beauv.* ch. vii, § 6 : « Toutes resons soit dilatoires
ou péremptoires doivent être mises avant que li jugement soit encarquiés. »

(2) *Ibid.* § 14 : « En cort laie en opposant les dilatoires on peut faire retenue
des péremptoires, mais quand on présente les péremptoires il faut les mettre en
avant sans faire aucune retenue. » C'était, comme on voit une application du
principe : On ne barroie qu'une fois en le cort laie.

(3) *Ibid,* § 11 : « Cependant on pourrait alliguer force ou violence même après
la plet entamé. »

deur qui niait l'existence d'une dette, d'une manière absolue, ne pouvait plus ensuite recourir à l'exception de payement, parce qu'il y a là contradiction manifeste dans les moyens de défense(1).

Si du xiiie nous passons au xvie siècle, nous voyons d'après Pasquier, que la plus grande latitude est laissée au juge dans l'examen des moyens de défense au fond. « Quand le défendeur oppose une exception péremptoire lors le juge décide la cause sur le champ s'il veoit que faire le doibve, ou appointe les parties à escrire » (2). Ainsi l'appointement prescrit par l'ordonnance de Blois, de 1579, en ce qui concerne les exceptions dilatoires subsistait donc dans la pratique, malgré le 2e alinéa de l'art. 154, dont nous avons déjà dit un mot.

Pasquier nous donne encore d'utiles renseignements sur le fonctionnement et la présentation des exceptions péremptoires, telles qu'on les comprenait à son époque, en se préoccupant lui aussi de la distinction de droit ou de fait que nous avons analysée plus haut. « Que si c'est en matière possessoire où il ne s'agisse seulement que du faict, les parties sont appointées à escrire par *interdits*. Que si avec du faict il y a du droit, on les appointe à escrire par *advertisements* ; ce sont les termes dont nous usons dans la practique ; et après que les parties ont fourni d'intendits et de réponses, ci yceux d'une part et d'autre part, ils font les productions sur lesquelles on baille contredits et salvations ( Salvations, dit Nicot, *id est contradictorum dissolutio* ). Et cela fait, le juge interpose sa sentence telle que bon lui semble (3). »

Ceci est la confirmation du passage de Beaumanoir, lorsqu'il nous dit qu'à la différence de la procédure canonique, qui admet les *replicationes*, *duplicationes* et *triplicationes*, la procédure coutumière n'admet qu'une seule réplique à la prétention opposée par le défendeur : « Mais de tout che, dit Beaumanoir, n'est-il

(1) Beaum. *Ibid.* § 11 : Celui à qui on demande de l'argent prêté, ne peut après niance alléguer le paiement, car celui qui me donne à entendre que le prêt n'a jamais eu lieu, et s'il veut alliguer paiement, il reconnaît le prêt, qui est une demande contraire à soi-même.

(2) Pasquier, *Instit.*, ch, xv, *de l'Ordre judiciaire.*

(3) *Ibid.*

mestier en cort laie, fors que sans plus de deffenses que li deffenderes met contre ce qui li est demandé et des resons que li deman-
deres met contre icheles deffenses (1). »

Pour terminer l'examen rapide de la question qui fait l'objet de
ce paragraphe, demandons-nous quelles étaient les règles coutumières en matière de preuve des exceptions ou barres péremptoires.

Beaumanoir s'exprime clairement sur ce point : « Chaque partie doit prouver ses resons s'il y a niance de l'adversaire. »

On pouvait enfin, par des clauses particulières insérées dans
un contrat, stipuler qu'on renonce à l'avance au droit de présenter des barres ou des exceptions, si des contestations venaient à
s'élever pour l'exécution du contrat (2). C'était là probablement
un essai de donner aux conventions un caractère *stricti juris*, pour
éviter notamment la compensation.

## CHAPITRE III.

### Des moyens de défense depuis la fin du XVII<sup>e</sup> siècle jusqu'en 1804.

Grâce aux progrès accomplis dans la science et dans l'interprétation du Droit romain, pendant la période qui s'écoule depuis la
fin du XVII<sup>e</sup> jusque vers la moitié du XVIII<sup>e</sup> siècle, nos jurisconsultes français ne confondent plus autant, comme l'ont fait nos
auteurs coutumiers, les moyens de défense basés sur une négation directe avec les moyens fondés sur des droits indépendants,
agissant indirectement en Droit romain pour repousser la demande.

(1) Beaumanoir, *loc. cit.*, ch. 7, § 1.
(2) *Ibid.*, ch. 38, § 18, 19.

Ils ont su choisir d'une manière plus perspicace dans les textes, et ils ont saisi les éléments principaux de ce que Justinien appelle encore exception, mais qui n'était plus telle qu'elle naquit et se développa sous le système formulaire. Les œuvres des commentateurs de l'Ordonnance de 1667, et les écrits de Pothier et le Recueil de jurisprudence de Denisart nous fourniront, sur notre sujet, les indications que nous classerons dans l'ordre suivant :

1re SECTION. Division des moyens de défense.

2e SECTION. Mode de présentation.

3e SECTION. Description historique de quelques exceptions dans notre ancien Droit.


### PREMIÈRE SECTION.

#### Division des moyens de défense.


Qu'entend-on par défense? Le terme de défense, dit Pothier, est général et comprend tout ce qu'on peut opposer dans une demande. Dans une signification plus spéciale, on entend par ce mot les moyens qui attaquent le fond de la demande, qui tendent à soutenir qu'elle n'est pas juste ou qu'elle n'est pas fondée. On appelle exceptions ou fins de non-recevoir les moyens qui, sans attaquer le fond de la demande, tendent à prouver que le demandeur ne doit pas être écouté à la proposer.

Nous lisons, d'autre part, dans Denisart (1) : On distingue les moyens que le défendeur croit devoir proposer pour prouver que la demande qui a été formée contre lui est mal fondée, des exceptions qui tendent à exclure l'effet de la demande pour un temps ou pour toujours, sans examiner si elle est juste ou injuste dans son principe.

Examinons la nature de ces moyens.

(1) V° Défense.

§ 1er. — *Moyens excluant la demande pour un temps seulement.*

On en distingue trois sortes : 1° les déclinatoires ; 2° les exceptions dilatoires proprement dites ; 3° les exceptions péremptoires de forme.

**A.** *Des déclinatoires.* — L'ordonnance de 1667 les nomme fins de non-procéder, dénomination qui se trouve aussi dans l'art. 154 de l'ordonnance de Blois de 1579. Ils consistent dans l'invocation de moyens tirés de l'incompétence du juge, de la connexité et de la litispendance (1).

**B.** *Des exceptions dilatoires.* — Ces moyens n'ont pour but que de différer la présentation de la demande, sans éteindre le droit. L'ordonnance de 1667 ne comprend sous cette désignation que le délai invoqué pour faire inventaire et délibérer, et l'exception d'appel en garantie (1).

Rodier, dans l'explication de l'article 1er du titre ix, entre dans de plus longs détails en posant la question de savoir ce que c'est qu'une exception dilatoire ? Il y en a, dit-il, de plusieurs sortes ; d'abord l'exception qu'on oppose au demandeur qui agit avant l'échéance de l'obligation, ensuite le bénéfice de discussion que peut opposer la caution ou le tiers possesseur à titre onéreux poursuivi par l'action hypothécaire, par un créancier de son vendeur. Ces cas ne sont pas les seuls.

**C.** *Des fins de non-valoir et exceptions péremptoires de forme.*
— Par fins de non-valoir, on entend des exceptions dilatoires qui procèdent de la qualité des parties, par exemple, l'objection opposée à un fils de famille, parce qu'il agit sans être émancipé ou autorisé par son père ; à une femme parce qu'elle agit pour ses

---

(1) Art. 168, 171, du Cod. de proc. civ. ; art. 3 et 4 de l'Ordon., tit. vi.
(1) Art. 8, tit. ix. *Ibid.*

biens dotaux sans autorisation du mari ; à celui qui intente une action comme héritier ou donataire, qu'il n'a pas rapporté les preuves pour établir sa qualité.

On appelle ces exceptions fins de non-valoir, dit Rodier, parce qu'elles se réduisent à dire à l'adversaire ; vous n'êtes pas partie valable ou légitime pour intenter cette action, *non vales agere*.

Pourquoi ces moyens sont-ils compris sous le nom général de dilatoires ? Le même auteur nous en donne la raison : parce que les fins de non-valoir sont des exceptions péremptoires de l'instance mais non de l'action elle-même ; c'est-à-dire que sans toucher au fond de l'action, elles tendent à exclure le demandeur de l'intenter contre une personne déterminée : *perimunt negotium sed non extingunt actionem.* Elles jouent un rôle préparatoire seulement et sont indépendantes du principal.

Ces caractères nous indiquent suffisamment combien les fins de non-valoir diffèrent des fins de non-recevoir ou exceptions péremptoires du fond. Tandis que les premières n'ont trait qu'aux formes de procédure, les fins de non-recevoir au contraire touchent et combattent le fond même de la prétention du demandeur.

Les exceptions tirées de la nullité des exploits sont celles que l'on désignait plus spécialement sous le nom de péremptoires de forme (1). On les appelle ainsi parce qu'en rendant inutile la procédure entamée, elles n'en empêchent pas le renouvellement ultérieur, parfois même suffit-il pour remédier à cette nullité de confectionner un nouvel acte à la place de celui déclaré nul. La péremption d'instance en particulier qui résulte de la cessation des poursuites pendant trois ans n'entraîne pas la déchéance de l'action, si elle ne se trouve pas prescrite, et ce délai écoulé, on pourra toujours former la même demande devant les mêmes juges (2).

Tous ces moyens ont pour caractère commun de différer la discussion de l'objet principal ou, comme disait Beaumanoir, de délaier l'action. Les déclinatoires ou fins de non-valoir sont, selon

(1) Art. 16, tit. ii de l'Ordonn. de 1667.
(2) Lange, liv. 4, ch. 24, page 348 ; Rodier, pag. 288.

la définition de Rodier, une exception dilatoire, puisqu'ils tendent à suspendre les poursuites et le jugement jusqu'à ce qu'il soit décidé devant quel juge on doit plaider. Cette définition nous montre combien les commentateurs de l'Ordonnance de 1667 étaient éloignés eux aussi de la véritable idée de l'exception dilatoire en Droit romain classique. Les jurisconsultes français avaient adopté un point de vue radicalement opposé à celui des Romains ; ceux-là ne considéraient que les effets de l'objection, et ceux-ci le temps pendant lequel elle pouvait être invoquée devant le Préteur, de là sa dénomination d'*exceptio temporalis*. Cette observation aura une grande importance pour la décision de la même question qui nous occupera en Droit français actuel.

§ II. — *Des fins de non-recevoir excluant la demande pour toujours.*

Pothier qualifie d'exceptions péremptoires du fond ou de fins de non-recevoir l'exception de prescription, de transaction ou tous les autres moyens de défense qui, sans attaquer le fond de la demande, tendent à prouver que le demandeur n'a pas droit de la former. Puis il ajoute que ces exceptions s'appellent péremptoires du fond parce qu'elles détruisent la demande. Mais on ne comprend pas bien comment ces moyens peuvent avoir pour effet de détruire la demande sans entrer dans l'examen du fond lui-même et sans servir de base à une négation directe, tout aussi bien que l'allégation de la compensation (1).

A la question de savoir quel est l'effet produit par la présentation des fins de non-recevoir, Pothier répond qu'elles n'éteignent pas la créance, mais elles la rendent inefficace, en rendant le créancier non recevable à intenter l'action qui en naît (2).

Ces dernières expressions sont caractéristiques et excluent, ce nous semble, l'idée de l'exception romaine ; celle-ci était une condition posée à la condamnation, celle-là à l'instruction de

(1) Pothier, traité des Obligations, nos 640, 643.
(2) Pothier, *ibid.* no 642.

6

l'action, aussi le mot fin de non-recevoir nous paraît-il être le seul qui devrait être employé, dans notre terminologie moderne, pour désigner ces sortes de défenses. L'exception romaine est péremptoire quant elle peut être opposée à quelque époque que l'action soit intentée, mais avant la délivrance de la formule; l'exception du Droit français au contraire peut être présentée en tout état de cause, même devant les juges d'appel, et elle est dite péremptoire uniquement parce qu'elle détruit la demande. Ce point était très-secondaire en Droit romain où la *plus petitio tempore* entraînait la perte de l'action même quand on opposait une exception dilatoire.

Voici les conséquences que notre jurisconsulte tire de la définition des fins de non-recevoir.

1° Tant que la cause d'exception subsiste, le créancier ne peut poursuivre, puisque son action a pour fondement une créance présumée éteinte ou acquittée, et que même il ne peut faire d'une créance ainsi paralysée l'objet d'une compensation avec une créance que son débiteur aurait acquise contre lui, depuis la naissance de la fin de non-recevoir.

Cette présomption d'extinction est en contradiction avec toutes les idées romaines sur cette matière. Le seul fait de l'opposition d'une exception proposée *in jure* par le défendeur était presque toujours un argument pour le demandeur pour obtenir son action. Le *reus* avouait l'existence de la dette et, dans tout son système de défense, il n'y avait pas la moindre allusion à cette présomption d'extinction de la créance dont nous parle Pothier. C'est le contraire qui existait en Droit romain et nous pourrions renverser la proposition de Pothier en disant : toute créance à l'exigence de laquelle on oppose une exception est présumée exister.

2° Tant que la fin de non-recevoir subsiste, c'est inutilement qu'on se rendrait caution de la créance contre laquelle cette objection peut être dirigée.

C'est encore tout le contraire de ce qui avait lieu en Droit romain. On pouvait en effet, se rendre valablement caution de la dette contractée par un fils de famille, malgré l'exception du sénatus-consulte Macédonien que pouvait opposer ce dernier. Nous supposons bien entendu que la caution n'ignorait pas la condition du débiteur.

3º Si la fin de non-recevoir est *in rem*, la présomption d'extinction profite tant aux cautions qu'au débiteur principal.

La première observation s'applique entièrement à cette troisième conséquence.

Pothier ajoute que la créance n'étant pas réellement éteinte par l'existence de la fin de non-recevoir, il en résulte :

1º Si le débiteur renonce expressément ou tacitement à la fin de non-recevoir, la mise à exécution de la créance par le demandeur ne pourra être arrêtée.

Cette précision peut influer sur l'effet, mais non sur la nature du moyen.

2º La fin de non-recevoir laisse subsister l'obligation naturelle (1).

Cet effet n'était pas la règle, mais l'exception en Droit romain; car il est évident que l'exception de dol, la plus générale, ne la laissait pas subsister, l'obligation naturelle n'était jamais présumée dans une obligation repoussée, *exceptionis ope*, que d'une d'une manière tout à fait exceptionnelle. L'exception était, en effet, le moyen d'équité par excellence.

3º Le juge ne peut pas de son autorité propre suppléer les fins de non-recevoir si le débiteur ne les oppose pas.

## DEUXIÈME SECTION

### Ordre de présentation des divers moyens de défense.

D'après les auteurs du nouveau Denisart (2), l'ordre suivi dans la pratique était celui-ci :

1º Les déclinatoires ;

2º Les exceptions péremptoires de forme ;

3º Les exceptions dilatoires proprement dites ;

4º Les fins de non-recevoir. En règle générale les défenses au fond ne doivent être présentées qu'après toutes exceptions.

(1) Pothier, Oblig. nos 192, 193, 198.
(2) V. Exception.

## § I. — *Des déclinatoires.*

Les règles relatives à la présentation de ces moyens de défense
se trouvent exposées dans les articles 1 à 3, du titre VI, de l'ordonnance de 1667. L'art. 1 défend à tous juges de retenir une cause
qui ne leur appartient pas, sous peine d'être pris à partie. L'article 3 décide que les renvois, incompétences et déclinatoires seront
jugés sommairement sans appointer les parties ni joindre au principal. D'après Rodier (1), les fins de non procéder fondées sur
l'incompétence personnelle doivent être invoquées *in limine litis*,
à peine d'en être déchu. L'incompétence *ratione materiæ* au contraire était invocable en tout état de cause.

## § II. — *Des exceptions péremptoires de forme résultant de nullités d'exploits ou d'actes de procédure.*

L'article 5, du titre 5, de notre Ordonnance est ainsi conçu :
Dans les *défenses* seront employées les fins de non-recevoir, nullités des exploits ou autres exceptions péremptoires, si aucune y
a, pour y être préalablement fait droit.

Cet article, d'une rédaction évidemment vicieuse, confond, selon
Boutaric, les fins de non-recevoir et autres exceptions péremptoires avec la nullité des exploits; cet article ne s'appliquerait qu'aux
exceptions basées sur la nullité d'un acte de procédure. Le législateur avait voulu obvier aux inconvénients qui auraient pu résulter de la possibilité de présenter la nullité d'un exploit en tout
état de cause, alors peut-être qu'une longue procédure toujours
fort coûteuse a été engagée sur le fond même de la question en
litige. Les dispositions de cet article 5 ont donné lieu à beaucoup
de doutes parmi les auteurs, mais la pratique paraît n'en avoir
tenu compte que dans le sens ci-dessus indiqué par Boutaric. Les
nullités de forme ne doivent être proposées qu'après les déclinatoires d'incompétence; cela est tout naturel.

(1) Rodier sur l'art. 1 de l'Ord. de 1667, quest. 3.

## § III. — *Des exceptions dilatoires.*

L'article 1, du titre vii ne mentionne que deux exceptions dilatoires : celle pour faire inventaire et délibérer et celle pour appeler garant en cause, et l'article 1 du titre ix ajoute : celui qui
aura plusieurs exceptions dilatoires sera tenu de les présenter par
un même acte. D'autre part, l'article 2 de ce même titre donne à
l'héritier et à la femme assignée, la faculté de ne proposer les
autres exceptions dilatoires qu'après le terme pour délibérer
expiré; d'où la conséquence que l'ancien Droit reconnaissait d'autres moyens auxquels il donnait ce nom ; telle est l'objection fondée sur le bénéfice de discussion et sur la non-exigibilité de la
créance ; dans ce dernier cas, l'exception devient par le fait péremptoire de l'instance.

Ces exceptions dilatoires devaient être présentées après les
déclinatoires et les nullités, mais avant la contestation en cause
laquelle, au dire de Rodier, est le premier traité de la cause fait
en jugement, c'est à-dire la première plaidoirie où le premier
règlement, ou bien encore, au moment de la contestation en cause
elle-même.

D'après le texte de l'article 5 du titre v, dont nous venons de
parler, les fins de non-recevoir auraient dû être proposées dans
*défenses* pour y être préalablement fait droit. Qu'entend-on par
ce mot *défenses* ? On nommait ainsi un cahier dans lequel étaient
contenues les objections proposées par le défendeur contre la demande. La prescription contenue dans cet article, ne contenant
pas de sanction pénale, n'est donc qu'un conseil, une ligne de
conduite tracée au juge et aux parties dans l'explication méthodi-
que de l'affaire en litige. Boutaric nous apprend, d'ailleurs, que
la pratique des tribunaux s'en écartait arbitrairement. « Les
juges ne pouvaient autrefois, selon l'article 154, de l'Ordonnance
de Blois, régler et appointer les parties que les fins de non-recevoir n'aient été préalablement jugées, mais l'usage est tel aujour-
d'hui que si peu que les fins de non-recevoir soient contrariées

par le demandeur, le juge appointe les parties sans préjudice des fins de non-recevoir.

### § IV. — *Des fins de non recevoir* (1).

Leur présentation était soumise aux règles suivantes : *a*). Si le défendeur a connaissance, dès l'origine du procès, d'objections tellement fortes que l'examen ultérieur de la cause devint inutile dans le cas de leur validité, il doit les proposer par ses premières défenses (2) *b*). S'il s'agit autrement, il ne pourra, la sentence une fois prononcée, répéter contre le demandeur les frais occasionnés inutilement par le procès sur la question du fond, *c*). Jusqu'à la prononciation du jugement définitif il pourra présenter ses fins de non-recevoir en tout état de cause. Remarquons enfin, avec Pothier, qu'en supposant que le défendeur eût proposé ses fins de non-recevoir avant la contestation du fond, et que le demandeur conteste leur admissibilité, si leur vérification exige une assez longue instruction, le juge pourra les joindre au fond ou ordonner le jugement sur le fond et réserver les fins de non-recevoir.

## TROISIÈME SECTION.

### Description historique de quelques exceptions dans notre ancien droit.

#### § I. — *Exception* non numeratæ pecuniæ.

De même que le Droit canonique, en donnant aux pactes la même force d'obligation qu'aux contrats, avait entraîné la suppression d'une source abondante d'obligations naturelles et de

(1) V. Pothier, *Traité de Procédure civile*, ch. II.
(2) Art. 8, tit. v, *Ordonn. de 1667*.

moyens de défense indirects, de même le Droit coutumier en développant les principes sur la nécessité de la cause dans les obligations abolit définitivement l'exception *non numeratæ pecuniæ*. Nous employons toujours ce mot exception dans le sens de fin de non-recevoir quand nous parlons d'un Droit autre que le droit romain classique. Dans cette dernière législation, on comprend que du fait de la numération des espèces, il ne résultât qu'un droit d'exception ; car la stipulation ou un écrit conforme aux prescriptions légales était une *causa civilis* suffisante pour faire naître l'obligation (1), il importait peu qu'il y eût cause finale. Les principes du Droit romain furent répudiés par le Droit coutumier qui fit dépendre la perfection du contrat non de la *causa civilis*, mais surtout de la cause finale (2). De Fontaines appelle cet élément de la convention : « c'est ce pourquoi le défendeur est obligé », ou d'après Beaumanoir : « c'est ce pourquoi la convenance fut (3). »

Avec une pareille modification dans les principes, le moyen de défense tiré de la non-numération des espèces n'est plus une véritable exception, il se transforme en une simple négation. Aussi, lisons-nous dans Loysel : Exception d'argent non nombré n'a point de lieu en France (4).

Mais quel est le vrai sens de cette maxime ? De Laurière, annotateur de Loysel, Serres dans ses Institutes, disent qu'il faut l'entendre avec cette signification que le demandeur ne sera plus chargé de preuve s'il y a cédule. Mais pourquoi cet effet sera-t-il produit ? Est-ce à dire qu'on ait entendu mettre désormais la preuve de la cause à la charge du débiteur ? Ce serait une erreur, car, d'autre part les coutumiers que nous venons de citer et auxquels il faut joindre le grand Coutumier de Normandie et Boutelier, reconnaissent que c'est au demandeur à prouver la *causa*. Voici quelle en est la véritable explication.

Le débiteur a souscrit un engagement ; dès ce moment, il y a

(1) Gaius III, §§. 92, 128, *Verbis aut litteris obligatio fit.*
(2) Beaumanoir, Cout. de Beauv, ch. VI, § 6, § 3.
(3), ch. 35, § 2, *ibid.*
(4) Inst. Cout., liv. V, tit. 2, règle, 6.

présomption que son obligation a une cause finale et tel est l'état de la question au moment où les parties se présentent devant le juge; le défendeur veut changer ce *statu quo*. C'est donc à lui de prouver les faits qu'il avance. Mais remarquons que s'il triomphe il ne démontre pas une simple paralysie du droit du demandeur mais son inexistence radicale. Dès lors le moyen tiré du fait de la non-numération des espèces cesse d'appartenir, dans tous les cas, à la classe des exceptions pour passer dans celle des défenses directes (1).

## § II. — *Exception de compensation.*

Nous avons déjà signalé lesprofon des modifications que le système extraordinaire, surtout dans la dernière forme que lui donna Justinien, introduisit dans la notion des exceptions en général et de la compensation en particulier. Nous allons suivre le cours de ses transformations dans notre Droit national.

Ce sont d'abord les Sentences de Paul insérées dans la loi des Wisigoths qui nous livrent les renseignements les plus sûrs à cet égard. L'*interpretatio* qui suit le texte ci-dessus commenté ne laisse subsister aucun doute sur la nature attribuée à la compensation; elle est considérée comme une défense directe.

En Droit canonique, tout en lui conservant le nom d'exception, la compensation fut traitée comme tous les autres moyens, qu'ils fussent basés sur un droit indépendant du défendeur ou sur une simple négation.

En Droit coutumier, au contraire, ce moyen, dans le début du moins, ne put être employé pour repousser l'action du demandeur. Le débiteur doit payer la somme due au créancier, bien que ce dernier lui doive la même somme; il devra intenter une demande séparée en payement de sa propre créance (2). « Compensation n'a point de lieu fors de la chose dont le plet

(1) Un Décret de 1808 avait rétabli cette exception contre les juifs de Lorraine et d'Alsace, pour dix ans.

(2) *Assises de Jérusalem.* Cours des Bourgeois, chap. 81.

est, » ou comme nous apprend de Fontaines, dit Loysel : « Compensation n'a point de lieu en cour laye (1). » Il en était de même pour l'exercice du droit de rétention.

Quel est le motif de cette décision qui nous rappelle d'une manière si frappante le procédé du système romain classique dans l'instruction des actions *stricti juris* ? Il ne doit être cherché que dans l'organisation féodale des tribunaux. Le droit de rendre la justice étant considéré comme un bien patrimonial, dont le revenu se traduisait en prélèvements de droits fiscaux sur le procès, les seigneurs avaient tout intérêt à prohiber et la compensation et la rétention dont l'effet aurait été d'en diminuer le nombre, ou de distraire un justiciable de son juge naturel : de là ces procès fréquents appelés ; revendication de cause, retrait de barre (2). Grâce à l'influence des canonistes et des lettres royaux restreignant le domaine de la justice seigneuriale, contre les abus de laquelle s'indignait si vivement d'Argentré, la compensation et la rétention furent, au xvi° siècle, admises généralement en Droit coutumier ; si bien, d'après le témoignage de Coquille, jurisconsulte du xvii° siècle, qu'on put opposer la compensation sans qu'il fût besoin de lettres de Chancellerie.

Les Coutumes du xvi° siècle nous montrent sur ce point la plus grande diversité. Dans les Coutumes de Montargis, de Lille, de Bourgogne, la compensation n'est point admise. Dans celle de Montfort elle peut avoir lieu, s'il y a bénéfice du prince ; dans la Marche, entre parties *ejusdem fori*. Dans la Coutume de Paris et dans la plupart des autres, l'admissibilité de la compensation est devenue la règle générale.

Demandons-nous comment opérait la compensation ?

En Droit canonique, les principes du Droit de Justinien avaient été admis, et il en fut ainsi jusqu'au xviii° siècle dans le Droit Coutumier.

A partir de cette époque, elle revêtit le caractère de moyen, opérant de plein droit, mais dans un sens bien différent de l'ex-

(1) Loysel : Règle 3, tit. 2, liv. v.
(2) Bacquet, *Droits de justice*, ch. 8.

pression *ipso jure*, dont se servit Justinien. C'est ainsi que l'enten-
dit Cujas, après lui Pothier, dont l'opinion fut consacrée par
l'art. 1290 du Cod. civ.

### § III. — *Des exceptions ou moyens de défense dérivant d'un vice dans la formation du contrat.*

Dans notre ancien Droit coutumier, on ne distingue pas les
actes nuls des actes rescindables. Quelle que soit la nullité dont les
conventions sont affectées, les jurisconsultes disent également :
« Le marché est nul, de telles convenances ne sont à tenir. »
Cette nullité n'a pas lieu de plein droit ; c'est le juge qui la reconnaît et la prononce, qu'elle résulte du dol, de la violence, de l'erreur ou de quelque cause que ce puisse être (1). Cet état juridique
était la conséquence des pouvoirs très-étendus du juge et de l'influence du Droit canonique, qui n'admettait pas la nullité de plein
droit.

D'une nullité dérivait une action ou une barre selon la position
dans laquelle se trouvait la partie qui l'invoquait, et en suivant la
distinction que font tous nos coutumiers. Si la convention a été
exécutée, la victime de la violence, par exemple, aura une action
pour rentrer en possession de sa chose ; le contrat n'a-t-il pas été
suivi d'exécution, elle opposera une barre, c'est là le sens de cette
phrase de de Fontaines : « Si la vente ou la promesse a eu lieu de
force, on peut barrer la demande ou demander quittance par
action (2). »

Dans quel délai l'action doit-elle être intentée? Dans l'an et
jour, nous dit Beaumanoir, après lequel on ne serait plus recevable à attaquer la convention (3).

Si la convention n'a pas été exécutée, le moyen de défense qui
découle de la nullité n'a pas de durée limitée : « Ès autres (conventions) qui ne sont pas parfaites, peut-on bien dire que on n'i

---

(1) Beaum., *Cout. de Beauv.*, ch. 35, § 22. Ch. 31, § 26, 30.
(2) De Fontaines, ch. 18, § 70.
(3) Beaum., *loc. cit.*, ch. 31, § 22.

es mie tenu de respondre (1). » Mais comment se fait-il que nous lisions dans Loysel : « Messire Pierre de Fontaines écrit que barres ou exceptions de force, de peur, de tricherie ne duraient qu'un an par l'ancien usage de France (2)? » Nous devons voir là une erreur de Loysel; si on recourt au texte du Conseil (3), que de Laurière, annotateur de Loysel, indique comme le passage auquel se réfère la règle des Institutes Coutumières, on s'aperçoit que de Fontaines n'y parle que de la durée de l'action, mais nullement de celle du moyen de défense, auquel il n'assigne pas de délai fixe (4) C'est l'application dans notre ancien Droit coutumier de la maxime romaine : *Quæ temporalia ad agendum perpetua sunt ad excipiendum*.

Mais, dès le XIIIᵉ siècle, nous voyons se produire un changement important dans la matière des causes de nullité. Les modifications qui vont se produire sont dues principalement à l'influence des décisions du Droit romain reçues en France par des ordonnances spéciales de nos rois : *Ex permisso majorum nostrorum vel nostro,* ainsi que s'expriment Saint Louis et Philippe-le-Bel.

L'introduction des moyens de rescision a été favorisée dans un but principalement fiscal. En effet, la Royauté, en empruntant au Droit romain les causes de rescision, décida que ces moyens ne pourraient être invoqués devant le juge qu'après obtention des lettres du petit sceau, que délivraient les Chancelleries des Parlements. Cette formalité était rigoureusement exigée : *Contractus et si nullius momenti fuerit, debet tamen principis rescripto rescindi vel nullus declarari; quoniam moribus nostris, nullus non potest dici contractus ipso jure* (5). Le nombre de ces causes de rescision s'accrût dans une telle mesure que Loysel pût émettre cette maxime célèbre : « Voies de nullité n'ont point de lieu, » principe dont l'application n'était pourtant point absolue, car, à côté de ces rescisions on admettait aussi de véritables nullités, basées sur les ordonnances et les coutumes qui, selon l'expression de

(1) *Coutume d'Artois.*, tit. des nullités.
(2) Loysel, *Inst. cout.*, liv. v, tit. 3, regl. 4.
(3) *Conseil* de De Fontaines, ch. xv, nᵒ 82.
(4) *Ibid.*, ch. xv, nᵒ 71, 72.
(5) Juibert, Enchir., vᵒ *Contractus.*

Coquille, sont notre Droit civil. Pour ne citer qu'un exemple, nous ne faisons que rappeler la nullité de l'obligation de la femme mariée qui a contracté sans autorisation du mari; la demande pouvait être portée directement devant le juge, sans qu'il fût besoin de lettres de Chancellerie.

Examinons maintenant les différences entre les causes de nullité et les causes de rescision en ce qui concerne l'action ou les moyens de défense engendrées par elles.

1° Les actions en nullité dérivant des ordonnances ou de la coutume, se prescrivent dans le délai requis pour la prescription ordinaire, qui, d'un an et d'un jour qu'elle était au xiii° siècle, fût, dans la suite, de trente ans. Les actions en rescision, au contraire, se prescrivent par dix ans (1), à partir du moment où le vice a été connu ou de celui du contrat. L'ordonnance de 1539, dans son article 34, attribue la même durée à l'action en rescision pour cause de minorité.

2° Les exceptions tirées d'une cause de nullité coutumière sont perpétuelles, on admet pour elles la règle posée au xiii° siècle, *quœ temporalia ad agendum perpetua ad recipiendum*. Mais pourquoi prolonger la durée du moyen de défense au-delà de trente ans ? Il semble, en effet, qu'après trente ans le créancier n'ayant plus droit à l'action dérivant du contrat, il n'est plus besoin de moyen de défense : *cessante causa*, *cessat effectus*. Cela est vrai dans la généralité des cas, pourtant il pourra arriver que l'action puisse compéter au créancier pendant plus de trente ans à cause de supensions ou d'interruptions de prescription *ex parte creditoris*, en supposant, par exemple, que le créancier est mineur et le débiteur majeur.

Les moyens tirés d'une cause de rescision n'eurent qu'une durée temporaire, et ce fut le principe opposé qui fut adopté. Nous en trouvons la raison dans le fonctionnement de la procédure préliminaire en usage pour obtenir les lettres de rescision devant les Chancelleries des Parlements; il n'y avait encore ni demandeur, ni défendeur et partant ni action, ni exception; une seule question devait être résolue; le procès portait-il sur un

(1) Ord. de 1610. art. 18.

cas de nullité ou de rescision ? Il n'y avait, quant à l'obtention des lettres royaux, qu'un impétrant. C'est pourquoi l'article 154 de l'Ordonnance de 1539, nous dit que le mineur ne pourra plus poursuivre la cassation de ses actes après 35 ans, *tant en deman-dant, qu'en défendant.*

Cette jurisprudence fut admise jusqu'au XVIIᵉ siècle. A cette époque un profond revirement s'était opéré dans les idées sur la matière des causes de nullité. Les jurisconsultes s'accordèrent pour faire des cas de nullité, si rares jusque-là, la règle générale.

Dans le nord et l'est de la France, particulièrement en Lor-raine, on admit dans plusieurs cas des nullités de plein droit con-trairement à la maxime : « Voies de nullité n'ont point de lieu. » Chassanée, dans ses commentaires sur la coutume de Bourgogne, exprime ainsi cette idée : *Id quod nullum est ipso jure, rescindi non potest.*

On distingua dès-lors deux sortes de nullités ; les nullités abso-lues et les nullités relatives (1).

On dit qu'un contrat est atteint de nullité absolue lorsqu'il manque des qualités essentielles à son existence. Il ne peut pro-duire, par conséquent, ni obligation civile, ni obligation natu-relle, ni servir de base à la présentation d'une fin de non-rece-voir. Toute ratification d'un tel acte est donc impossible : *Quod ab initio nullum est, nullo tractu temporis convalescere potest.* Une telle nullité peut être opposée non-seulement par la partie intéressée, mais par toute sorte de personnes, sans qu'on puisse leur objecter qu'elles veulent bénéficier du droit d'un tiers. Le juge doit enfin en tenir compte d'office quand même elles ne seraient pas présentées à son appréciation (2) d'une manière expresse.

Il y a nullité relative, lorsque l'objet, la cause ou le consen-tement, sans manquer complétement au contrat, s'y trouvent af-fectés de quelque vice; par exemple : la convention faite avec

---

(1) Dunod, *Traité des prescriptions*, pag. 30 et suiv. — Denisart, vᵒ *Excep-tion*, alin. 9.

(2) D'Argentré, art. 266, *Cout. de Bretagne*, art. 283.

une femme non assistée de son mari. Dans ce cas, bien que susceptible d'annulation, le contrat peut produire certains effets.

C'est ainsi qu'il subsiste à l'égard des tiers et n'est déclaré nul
que si la personne autorisée par la loi en fait la demande; un
tel contrat peut être confirmé et ratifié et les tiers peuvent s'engager valablement pour en assurer l'exécution; on peut cautionner
la promesse de vente consentie par un mineur. Celui en faveur
duquel une telle nullité est accordée est seul fondé à s'en prévaloir et à la proposer en justice. La nullité respective se peut pres-
crire par 30 ans, nous dit Dunod; passé ce temps, il ne peut y
avoir d'avantage à la proposer, si ce n'est par voie d'exception.
Le juge n'a pas la faculté de suppléer d'office à la présentation
d'une telle nullité, si les parties ne l'invoquent pas expressément.

Telles ont été les phases à travers lesquelles les causes de nullité se sont développées dans notre ancien Droit. La révolution de
1789, en supprimant les Chancelleries, acheva l'assimilation des
quelques causes de rescision qui subsistaient encore aux nullités.
En examinant la nature des moyens de défense qui en dérivent,
nous n'hésitons pas à repousser l'idée de l'exception; quelle que
soit la nullité invoquée, absolue ou relative, nous y voyons une
négation directe du droit de demandeur.

Nous allons, pour terminer la description de cette matière des
exceptions ou plutôt des moyens de défense, examiner le sort
réservé à cette institution dans notre Droit actuel en recherchant
la position que le législateur moderne lui a laissée dans nos Codes.
Cette esquisse rapide formera la conclusion de notre travail, et ne
sera, en quelque sorte, que la conséquence des principes que nous
avons déjà développés.

# DROIT FRANÇAIS

---

## SENS DU MOT EXCEPTION EN DROIT FRANÇAIS

---

### Introduction.

Nous nous sommes occupés en Droit romain, et dans notre ancienne jurisprudence, du rôle du défendeur et en particulier de l'exception. Avant de poursuivre le même sujet dans notre Droit actuel, il nous semble convenable de rechercher quelles sont les différentes significations du mot exception dans notre langue juridique. Nous le trouvons d'abord employé dans son acception ordinaire, c'est-à-dire dans le sens de dérogation à la règle, art. 1221, 1233.

Nous le trouvons ensuite pris pour synonyme de défense dans les art. 1208 et 2012, par exemple, où on distingue les exceptions qui résultent de la nature de l'obligation, celles qui sont communes à tous les co-débiteurs et celles qui sont purement personnelles. Il est clair que cette classification embrasse tous les moyens du défendeur et que le mot exception est pris ici dans un sens très-général.

Nous le retrouvons opposé à la demande dans les articles 1360, 1361 et 1367. Il semblerait ici que l'exception n'est pas tout à fait synonyme de moyen de défense et qu'elle désigne plus spécialement les moyens de défense dont le défendeur doit faire la preuve, et non pas les moyens que nous pouvons appeler négatifs et qui consistent plutôt dans l'obstacle apporté à la preuve du demandeur. Ainsi employé, le mot exception n'a pas un sens plus conforme à celui qu'il avait en Droit romain que dans l'hypothèse précédente ; en effet, s'il est vrai qu'en Droit romain la preuve de l'exception soit à la charge du défendeur, il y a aussi les moyens *ipso jure* comme tous les modes d'extinction tirés du Droit civil, payement, novation, etc., dont la preuve n'incombe pas moins au défendeur qui les allègue.

Enfin dans le titre IX du liv. II au Code de procédure civile, le mot exception a un sens particulier, et il est toujours opposé aux défenses (art. 169, 173, 186, C. pr.). Il signifie ici un moyen d'écarter momentanément l'examen du fond du procès, c'est donc une fin de non juger, de non-valoir qui ne touche pas du tout à l'attitude définitive et au rôle du défendeur.

Que pouvons-nous conclure de ces différents sens du mot exception, sinon qu'il a perdu dans notre langue sa physionomie scientifique et qu'on perdrait son temps à chercher à faire en Droit français une théorie de l'exception, en laissant à part le restant du rôle du défendeur ? Et en effet, il n'en pouvait être autrement ; l'exception ne pouvait survivre à sa cause, c'est-à-dire à la procédure formulaire. L'adoption par Dioclétien et Maximin et la reproduction dans notre Droit de la procédure extraordinaire ne laissaient plus de place à l'exception, puisque le tribunal chargé de juger cumule le rôle du magistrat et du juge. Ce mot est donc resté dans la langue juridique comme une pièce démonétisée, mais ne se rattachant plus à rien ; il a pu prendre, selon les besoins, les acceptions les plus distinctes, les plus incompatibles puisque nous l'avons vu tout à l'heure signifier tantôt la défense, tantôt le contraire de la défense, sans que nos oreilles en fussent choquées, mais aussi, répétons-le, sans qu'il nous soit possible de faire de l'exception la base de notre travail.

Nous envisageons donc notre sujet d'une façon plus générale, et nous rechercherons quelles peuvent être les diverses attitudes du défendeur et quelles sont les règles applicables à chacune d'elles. Nous ne nous dissimulons pas que nous entreprenons ainsi une tâche inégale à nos forces, mais nous demandons du moins la permission de nous tenir sur les sommets et de ne pas entrer dans les détails. Ce que nous étudions en un mot, c'est le rôle du défendeur, l'ensemble de sa situation et les diverses physionomies qu'elle peut offrir, mais nous devons laisser de côté, sous peine de dépasser toute mesure, les spécialités de chacune des matières dont nous aurons à parler.

## CHAPITRE I.

### Du rôle du défendeur tant que le demandeur n'a pas fait sa preuve.

Lorsqu'une contestation juridique s'est engagée entre deux personnes, la sentence judiciaire qui doit la résoudre dépend de la vérité des faits que l'une et l'autre allègue pour fortifier sa prétention. Nous pouvons poser en principe que la nécessité de la preuve d'un fait contesté, *onus probandi*, incombe à celle des parties qui a intérêt à persuader le juge de la vérité de ce qu'elle avance, parce que de là peut dépendre le gain ou la perte de son procès.

C'est tout d'abord le demandeur, cela a toujours été admis en matière d'actions personnelles, même en Droit romain, qui, voulant changer le *statu quo*, doit démontrer que l'état de fait existant n'est pas normal, c'est-à-dire, est contraire aux règles du Droit positif et que sa prétention est dirigée précisément dans le but de rétablir l'ordre légal troublé par le fait injuste ou illicite du défendeur. Si je me prétends créancier de quelqu'un, je dois prouver

10

l'existence de ma créance pour le contraindre à me payer ; le contraire serait le renversement de tout ordre social).

Nous avons déjà vu, en Droit romain, qu'en matière d'actions réelles et pendant le système des actions de la loi, le demandeur et le défendeur étaient mis sur la même ligne et devaient prouver réciproquement leur droit de propriété. Nous avons dit aussi comment le Droit prétorien modifia ces principes.

Lorsque la demande a été portée devant le juge, le défendeur peut se borner à nier purement et simplement, en attendant que le demandeur ait prouvé l'existence de son droit, au moyen des faits positifs ou négatifs qu'il pourra invoquer. A l'allégation du demandeur qui prétend être créancier de 100,000 francs, le défendeur peut d'abord répondre non, car je n'ai jamais contracté avec vous, je nie que la dette que vous me réclamez ait jamais existé. C'est alors qu'on applique dans toute sa généralité ce principe : *ei incumbit probatio qui dicit, non qui negat.* Le défendeur ne sera pas obligé de prouver qu'il n'a jamais contracté avec le demandeur, ce serait renverser l'application des principes d'équité qui garantissent le fonctionnement régulier de la procédure.

La justification de cette règle ne doit pas être cherchée dans d'autres considérations que dans des motifs de justice et de raison sociale. On ne soutient plus du reste aujourd'hui, comme on le faisait autrefois, que cette règle mutilée du Droit romain : *factum negantis nulla probatio est*, est la consécration de l'impossibilité logique de prouver un fait négatif. N'est-il pas évident que dans presque toute discussion dans laquelle l'un soutient l'affirmative, l'autre la négative, il y a bien au fond deux faits positifs bien distincts, dont la démonstration peut se présenter avec une aussi grande clarté d'un côté comme de l'autre, en tant que l'une ou l'autre proposition sont vraies? Si je prétends, comme cela a lieu si souvent dans la procédure criminelle, n'avoir pas commis telle ou telle action, ne pourrai-je pas prouver clairement le contraire, par conséquent un fait négatif, au moyen d'une allégation positive basée par exemple sur un alibi ou sur toute autre impossibilité matérielle? Enoncer la question est la résoudre.

Le défendeur n'est pas même tenu à faire cette preuve négative absolue. Son rôle est, s'il le veut, complétement passif, du moins en général. Pourtant sous sa négation peut se cacher une affirmation positive; c'est là ce que nous appellerions selon le langage de nos anciens jurisconsultes une *negativa prægnans*. Elle consiste dans l'allégation d'un fait incompatible avec le fait allégué par le demandeur.

« Dans cette classe rentrent les négatives qu'on a appelées *negatives de qualité* et *negatives de droit*. Il y a négative de qualité, lorsque, par exemple, on conteste à quelqu'un la qualité de Français, ce qui revient à dire qu'il est étranger : proposition susceptible d'une preuve directe. La négative de droit, qui se rattache à la même idée, consistera, par exemple, à contester, en fait, l'existence de l'une des conditions requises pour la validité d'un testament, ce qui revient à dire que le testament contient un vice matériel, vice qu'il est facile de reconnaître s'il existe. C'est ainsi que la Cour de Cassation a décidé, par un arrêt de rejet du 21 novembre 1826, que celui qui prétend que son adversaire a encouru une déchéance pour n'avoir pas produit ses titres dans un certain délai, peut et doit le prouver, puisqu'on peut établir l'absence de production tout aussi clairement que la production même, en recourant au procès-verbal du juge chargé de vérifier l'opération (1) »

Il sera bien rare qu'un défendeur s'en tienne à une telle expectative, car le demandeur se présentera muni de raisons plus ou moins fondées, mais qu'il revêtira autant que possible d'une apparence légale. Si je me prétends héritier de Titius je présenterai son testament dans lequel il m'institue héritier; si je me prétends créancier de Negidius, je serai muni de titres de créance, je les montrerai au juge qui prendra ce fait nouveau comme acquis en ma faveur et qui fonde mon affirmation. Le défendeur à son tour pourra objecter d'autres raisons contraires basées, comme les miennes, sur des faits positifs ou sur des faits négatifs au moyen desquels il s'efforcera de démontrer l'impossibilité pour moi de soutenir actuellement ma prétention basée sur un droit dont il ne conteste pas l'existence passée, mais seulement l'existence présente.

(1) *Traité des preuves*, par Edouard Bonnier, tom. 1, § 10,

En somme, lorsque le défendeur se borne à empêcher le demandeur de prouver que son droit ait jamais existé, sa situation juridique est dominée par les principes suivants :

1° La charge de la preuve ne lui incombe pas, ce qui entraîne des conséquences pratiques très-importantes : ainsi, le défendeur peut être absous, quoique faisant défaut (art. 150 du Cod. pr.). Cependant, l'article 194 du même Code renferme une dérogation au cas de dénégation ou de méconnaissance d'une écriture privée. En ce cas, le défendeur qui ne comparaîtrait pas sur la demande en reconnaissance d'écriture serait condamné par défaut sans qu'il y eût à rechercher si les conclusions du demandeur sont justes et bien vérifiées. Cela tient à ce que l'écrit a sa valeur propre, et qu'on ne peut recourir à la vérification d'écriture que si le défendeur maintient sa dénégation ou sa méconnaissance.

De plus, le juge, dans le doute, doit statuer contre le demandeur, soit que ce doute provienne de l'insuffisance des preuves fournies par le demandeur, soit qu'il naisse des arguments produits par le défendeur (pour empêcher le demandeur de faire sa preuve. (1)

2° Tout moyen de preuve ouvert au demandeur, selon les règles tracées à cet égard par le Code civil, est par là même ouvert au défendeur. Ainsi, lorsque le demandeur se trouve dans les conditions requises pour l'admissibilité de la preuve testimoniale, le jugement qui ordonnera l'enquête emportera de plein droit la faculté de contre-enquête pour le défendeur. C'est ce que l'article 256 du Code de procédure exprime en disant : La preuve contraire sera de droit.

Il n'est pas besoin de justifier cette solution, car elle se tire de la force même des choses. Ce n'est pas en effet une preuve contraire, à vrai dire, que va entreprendre le défendeur, il va simplement élever des obstacles contre la preuve du demandeur, empêcher cette preuve d'aboutir.

Mais il y a plus, le défendeur se trouve ici dans une position si favorable, que la preuve testimoniale peut être ouverte de son

(1) Nous reviendrons plus bas sur ces idées à propos de l'action négatoire.

chef sans l'avoir été par le demandeur. C'est ce qui aurait lieu ,
par exemple, dans l'espèce suivante :

Une jeune fille a pour tuteur légal son père ; la grand'mère
maternelle déclare vouloir prendre l'enfant, et s'est chargée, pour
rien, de pourvoir à ses besoins. Plus tard, elle réclame le prix de
l'entretien de l'enfant au père , qui a eu l'usufruit des biens
jusqu'à la dix-huitième année de l'enfant. La demanderesse n'a
rien à prouver par témoins , car le père ne nie pas la dépense et
reconnaît qu'il ne l'a pas remboursée ; mais le père pourra prouver par la preuve testimoniale que l'obligation de remboursement
n'est jamais née, parce que la grand'mère avait pris l'enfant à sa
charge dans une intention de libéralité ; car, cette intention est
un de ces faits desquels il était impossible de se procurer la preuve
écrite dès que l'enfant était remis sans écrit à sa grand'mère.

3° Il serait impossible de chercher à délimiter les moyens du
défendeur dans l'hypothèse qui nous occupe. Ces moyens, qu'on
peut appeler défenses, sont en effet illimités, tout comme ceux
du demandeur , puisqu'ils n'en sont que la contre-partie , que
l'envers, si on peut ainsi parler.

Il ne faudrait cependant pas conclure de ce qui précède que le
défendeur est libre de s'en tenir toujours à une position purement négative, lorsque le demandeur n'a pas encore fait sa preuve.
Le Droit n'est pas une science aussi absolue, et il admet toujours
des tempéraments ; aussi nos lois imposent-elles au défendeur
l'obligation de fournir des éclaircissements à la justice, et il pourrait gravement compromettre ses intérêts en se renfermant dans
un rôle muet, ce qui équivaudrait à faire défaut. La pratique
des choses confirme suffisamment la vérité de cette observation ,
mais nous pouvons l'étayer, par un argument à *fortiori*, des dispositions de la loi , qui imposent au défendeur des obligations plus
rigoureuses encore. C'est ainsi que le Code civil admet , pour le
demandeur , en toute matière , le droit de déférer le serment au
défendeur. En vain celui-ci voudrait-il se retrancher dans son
rôle négatif et dire : j'attends la preuve du demandeur; il devra
prêter le serment, s'il n'aime mieux le référer , ou bien perdre
le procès sur la simple allégation du demandeur non démentie par
le serment. Sans doute, il y a là pour le défendeur une obligation

pénible, contraire aux principes ; mais, d'un autre côté, l'exclusion de la preuve testimoniale nécessitait cette dérogation. Il ne fallait pas que les demandeurs confiants qui ont, par exemple, prêté à un ami sans écrit fussent à la merci d'une simple dénégation. Ce n'est pas trop que cette dénégation doive être corroborée par la solennité du serment. D'ailleurs, on peut ajouter que le défendeur n'a pas , en somme, à se plaindre , puisqu'il devient l'arbitre du procès, et que la délation du serment est une offre de transaction qui le fait juge du litige.

De plus, le Code de procédure, en organisant l'interrogatoire sur faits et articles et la comparution personnelle des parties, a procuré au demandeur le moyen de provoquer l'aveu du défendeur et de le faire dès lors sortir de son rôle muet. Il sera obligé de parler pour confirmer ou dénier l'allégation du demandeur.

Si, s'en rapportant à ce que le demandeur n'a pas fait sa preuve, le défendeur, par cette répugnance qu'éprouvent certaines personnes à paraître en justice, négligeait de comparaître ou de répondre à l'interrogatoire sur faits et articles, il pourrait compromettre très-gravement ses intérêts , et le tribunal pourrait fort bien considérer ce silence comme un aveu et le condamner.

## CHAPITRE II.

### Rôle du défendeur qui invoque un mode d'extinction du droit du demandeur.

Il peut arriver que le demandeur prouve que son droit a existé; dès qu'il a délivré cette preuve, il tourne à son profit la présomption que tout droit existant se maintient jusqu'à ce qu'il ait atteint son but juridique. La position si favorable du défendeur devient la sienne, si son adversaire veut s'opposer à la prestation que justifie son droit.

Les rôles, par ce seul fait, vont se trouver intervertis et c'est au

défendeur à prendre maintenant l'initiative. Il se met à la place
du demandeur et il devient *actor*; c'est pourquoi nous devons,
pour conserver l'égalité qui doit exister entre les deux parties,
lui imposer les mêmes obligations qui incombaient au demandeur
en disant : *Semper necessitas probandi incumbit ei qui agit.*

Dirons-nous ici que le défendeur invoque une exception, tandis
que dans le chapitre précédent, il invoquait une défense? Pas le
moins du monde. Car si nous remontons au Droit romain , nous
trouvons que le défendeur devait tout aussi bien prouver le payement, une défense, que la chose jugée dans un *judicium non legitimum*, une exception. Ainsi ce n'était pas là le criterium qui distinguait l'exception de la défense. Si le défendeur doit ici prouver
c'est qu'à son tour il allègue un fait nouveau , et tombe sous le
coup de l'article 1315 , 2e § : « Réciproquement celui qui se
» prétend libéré doit justifier le payement ou le fait qui a pro-
» duit l'extinction de son obligation. »

Pour apprécier la différence pratique qui sépare, quant à l'ordre
des preuves, ces cas du précédent, nous prendrons une hypothèse.
Une maison se brûle et communique le feu à la maison voisine ;
le propriétaire de cette dernière actionne en dommages intérêts
celui de l'autre, il doit prouver aux termes de articles 1382 et
1383 qu'il y a eu de la part du propriétaire de la maison qui a
brûlé d'abord, faute, négligence ou imprudence.

Supposons au contraire qu'une maison habitée par un locataire soit incendiée, le propriétaire de cette maison n'a pas besoin
de prouver la faute, négligence ou imprudence du locataire, il
lui suffit de montrer son bail duquel résulte pour le locataire
l'obligation de restituer la maison, et c'est alors', aux termes de
l'article 1302, à ce débiteur de prouver le cas fortuit qu'il allègue
pour sa libération. C'est ce principe dont l'article 1733 fait justement l'application au cas qui nous occupe.

Nous trouvons donc ici des solutions tout à fait opposées à celles
de tout à l'heure.

1° La charge de la preuve incombe au défendeur. Il serait donc
infailliblement condamné s'il faisait défaut. Ici le demandeur
n'aura qu'à empêcher à son tour la preuve du fait extinctif de
l'obligation et le doute sur ce point lui sera favorable.

**2°** Quels que soient les moyens de preuve invoqués par le demandeur à l'appui de sa demande, il faut examiner isolément les moyens ouverts au défendeur; ainsi le demandeur a prouvé par la preuve testimoniale une créance supérieure à 150 francs, parcequ'il existait un commencement de preuve par écrit; cela n'ouvrira pas au profit du défendeur la possibilité de prouver par témoins le payement de cette obligation puisqu'il s'agit d'un fait nouveau absolument distinct du précédent; il est en faute de ne pas avoir retiré une quittance, il sera puni de sa faute par le refus de la preuve testimoniale.

Nous devons dire néanmoins que les premiers commentateurs de l'Ordonnance de Moulins se souvenant des traditions du Droit romain inclinaient à permettre toujours au défendeur la preuve par témoins de sa libération, surtout en cas de la remise de la dette. Mais cette opinion qui n'avait pas triomphé dans notre ancienne jurisprudence est aujourd'hui complétement abandonnée.

Mais nous rencontrons ici une question actuellement très-controversée. On se demande si le défendeur peut prouver sa libération par la preuve testimoniale dans les cas où celle-ci est admissible, par exemple au dessous de 150 francs, lorsque l'écrit qui n'était pas nécessaire a été néanmoins dressé pour la preuve de l'obligation. Pour nous qui venons de poser le principe de l'indépendance des preuves du demandeur et du défendeur, la ques-n'est pas douteuse et nous admettons l'affirmative. En effet, le défendeur prend une situation isolée, distincte de celle du demandeur, et dès lors la question d'admissibilité de ses preuves doit se résoudre en elle-même et sans avoir égard à la nature de la preuve fournie par le demandeur.

Cependant des auteurs graves ont adopté la solution contraire, en se fondant d'abord sur la jurisprudence qui avait prévalu au dernier siècle (1).

Ils argumentent de plus de la seconde règle de l'article 1341, aux termes de laquelle on ne peut prouver par témoins outre et contre le contenu aux actes, même au dessous de 150 francs.

(1) Merlin, Répertoire, v° Preuve, section II, § 3, art. 1, n° 20.

Ce dernier argument nous semble porter à faux, car le défendeur ne prouve pas contre le titre, il le reconnaît au contraire et nous ferons bientôt l'application de cette vérité, puisqu'il veut prouver que l'obligation qu'il relate a cessé d'exister par le payement. Ceci est entièrement indépendant du titre, ne le touche point, ne l'infirme pas et dès lors, prouver le payement n'est pas prouver outre et contre le contenu à l'acte.

Quant à l'ancienne jurisprudence il faut remarquer qu'elle ne s'est établie dans ce sens qu'au XVIIIe siècle et encore était-elle qualifiée par Pothier de *mauvaise interprétation* de l'Ordonnance de Moulins (1).

Cette jurisprudence trop rigoureuse avait été sans doute admise par application d'une constitution de Justinien qui forme la loi 18 au Code *de testibus* (4, 20). L'empereur déclare qu'il innove et il défend, en effet, de prouver par témoins le payement lorsque la dette est prouvée par écrit. Mais sa décision n'est pas absolue et il permet de prouver par cinq témoins, *quinque testes idonei, et summæ atque integræ opinionis*, pourvu que ces témoins aient été présents au payement et jurent que la dette a été ainsi payée en leur présence.

Les rédacteurs du Code, par cela seul qu'ils ont gardé le silence n'ont pas reproduit cette ancienne jurisprudence, combattue par leur guide habituel, Pothier.

D'ailleurs, la solution contraire serait inadmissible au point de vue pratique. N'arrive-t-il pas en effet, très-souvent, pour les faibles sommes qui nous occupent, que le payement se fait instantanément, sans que le créancier soit en possession de son titre et puisse le détruire ou le rendre. Et d'autre part, ne serait-il absurde d'empêcher de compenser une dette prouvée par écrit par une dette prouvée par témoins? Or c'est à cela que logiquement devraient aboutir les partisans de l'opinion adverse.

Toutefois nous devons faire une observation. Notre doctrine ne nous paraît vraie que tout autant qu'il s'agit d'un seul payement. Supposons plusieurs payements partiels, chacun de 150 francs seulement, le défendeur ne pourra pas les prouver par témoins,

(1) Pothier, Obligations n° 799.

et cela par argument de l'article 1345, car il éluderait les règles restrictives de l'admissibilité de la preuve testimoniale (1).

Malgré tout, il est resté cependant pour le défendeur un petit avantage que les nécessités de la pratique ont entraîné, plutôt qu'une préférence systématique pour le défendeur comme en Droit romain.

Aux termes de l'article 1328, l'acte sous seing privé ne peut être opposé aux tiers que si la signature a une date certaine, ainsi les créanciers de la femme porteurs de titres sous seing privé, datés d'avant le mariage ne pourront pas les opposer à la communauté si ces titres n'ont pas été enregistrés avant le mariage (art. 1410). En cas de résistance du mari, ils devront se contenter de poursuivre la femme sur la nu-propriété de ses propres.

Au contraire, on admet que les quittances peuvent être opposées par l'ex-débiteur à des tiers sans qu'elles aient été enregistrées, et sauf la preuve de la fraude. On a trouvé qu'il serait trop dur et trop onéreux de condamner les débiteurs à retirer pour les moindres sommes des quittances authentiques ou à faire enregistrer les quittances sous seing privé. Ainsi les débiteurs de la femme pourront opposer au mari qui les poursuivrait au nom de la communauté des quittances datées d'avant le mariage, mais non enregistrées. Ceci se déduit évidemment *a contrario* de l'art. 1410 et de la pratique générale. Mais il est évident que cette faveur n'est admissible que si les quittances sont alléguées et présentées tout de suite.

Nous devons dire enfin que le demandeur ne peut alléguer comme source d'une créance en sa faveur que ses propres stipulations (1119), tandis que le débiteur peut alléguer pour sa libération le fait d'autrui, non-seulement en cas de perte du corps certain qui faisait la matière de l'obligation (art. 1302), mais encore en cas de payement (1236), ou de novation par expromission (art. 1274).

3° Les moyens du défendeur ne sont plus illimités, ils se rédui-

(1) Arrêt du parlement d'Aix, du 20 décembre 1810 ( Danty sur Boiceau, liv. II chap. II, n° 1).

sent aux causes d'extinction des obligations ou des droits réels : Ainsi contre un propriétaire qui revendique et prouve qu'il a été un jour propriétaire, il faudra prouver qu'on est devenu soi-même propriétaire par la prescription ou tout autre moyen d'acquérir. Contre le titulaire d'une servitude qui a prouvé par l'action confessoire l'existence de cette servitude, il faudra prouver l'extinction de cette servitude par le non-usage pendant trente ans, l'*usucapio libertatis*, etc. Enfin contre le créancier qui a prouvé l'existence de sa créance, il faudra prouver l'extinction survenue depuis par payement, novation, etc.

4° Enfin une autre différence pratique viendra encore légitimer la distinction que nous avons cru devoir faire entre les moyens purement négatifs et les moyens tirés de l'extinction du droit du demandeur. C'est que, s'il y a plusieurs co-obligés solidaires à la même dette, tous pourront évidemment invoquer ce que l'article 1208 appelle les exceptions qui résultent de la nature de l'obligation, c'est-à-dire les moyens négatifs tendant à prouver que l'obligation n'a jamais existé ; au contraire, il faudra distinguer pour les modes d'extinction ; tous pourront bien invoquer le payement, la novation, la prescription, par exemple, mais la compensation ne pourra être invoquée que par le co-débiteur devenu créancier du créancier (art. 1294 *in fine*). De même la remise de la dette peut être personnelle à l'un d'eux ou commune à tous (art. 1285).

Nous nous sommes écartés dans ce chapitre de la nomenclature habituellement reçue et qui consiste à distinguer d'une part les moyens de défense proprement dits comme le payement ou la novation, des fins de non-recevoir par lesquelles la demande est écartée sans être directement contredite, comme la prescription ou l'autorité de la chose jugée. On ne peut nier cependant qu'il n'y ait une différence théorique entre ces divers moyens ; en effet, lorsque le défendeur invoque un payement, il s'attaque à l'obligation et prétend qu'elle a cessé d'exister ; lorsqu'il invoque la prescription ou l'autorité de la chose jugée, il ne combat par le mérite de la demande, mais il veut qu'elle soit écartée par une raison tirée d'une autre ordre d'idées.

Mais, au point de vue pratique, il est difficile de trouver une différence entre les défenses proprement dites et ces fins de non-recevoir que quelques auteurs appellent exceptions péremptoires du fond. Ainsi les unes et les autres peuvent être opposées en tout état de cause (art. 2224). Dira-t-on que cette différence consiste, par exemple, en ce que celui qui prétendrait avoir payé ne pourrait plus invoquer la prescription à laquelle il serait censé avoir renoncé (art. 2224) ? Mais ceci ne tient pas à la distinction entre ces divers moyens, cela ressort de la nature des choses et du caractère spécial de la prescription libératoire. Pour le prouver il suffit de considérer que nous aboutirions au même résultat dans l'hypothèse suivante : Actionné en payement d'une somme d'argent, en vertu d'un acte sous seing-privé qui porte ma signature, je soutiens que j'ai payé cette somme ; pourrai-je ensuite, par des conclusions subsidiaires, soutenir que l'écriture du billet n'est pas la mienne ? Evidemment non ; car en prétendant avoir payé, j'ai par là même fait l'aveu que la dette avait existé à un certain moment et que l'acte invoqué avait bien eu pour objet de la prouver. On voit donc ici un moyen de défense tiré de l'extinction éteindre un moyen tiré de la non-existence du droit, tout comme tout à l'heure on voyait une fin de non-recevoir éteinte par la présentation préalable du même moyen d'extinction. Il n'y a donc là rien à systématiser.

## CHAPITRE III.

### Le défendeur reconnaît avoir contracté, mais le contrat est infecté d'un vice.

Le vice qui infecte le contrat peut être ou l'un de ceux qui le rendent nul, c'est-à-dire le défaut absolu de consentement, d'objet, de cause ou l'absence des formes requises pour les contrats solennels, ou bien l'un des vices qui rendent le contrat simplement annulable comme l'erreur sur la substance, la violence, le dol, la lésion quand elle est admise, et l'incapacité de l'une des parties.

Dans le premier cas, c'est-à-dire lorsqu'il s'agit d'une nullité absolue et perpétuelle, le défendeur nous paraît être dans une situation qui se rapproche beaucoup de celle qui le fait l'objet de notre premier chapitre, car il s'agit de démontrer l'inexistence du droit du demandeur. Cependant, nous trouvons encore une différence capitale entre les deux situations, c'est que le défendeur assume ici la charge d'une preuve, c'est qu'il sort du rôle purement défensif pour prendre un rôle agressif contre la preuve écrite ou testimoniale préalablement fournie par le demandeur. Le défendeur, par exemple, ne nie pas, comme dans le premier chapitre, avoir signé l'acte invoqué, il reconnaît sa signature, mais il prétend prouver, d'autre part, l'existence d'un des vices signalés plus haut, et cette preuve est entièrement distincte de celle du demandeur. Ainsi il faudra examiner isolément pour elle, si le défendeur se trouve, par exemple, dans les conditions requises pour invoquer la preuve testimoniale.

Un exemple nous fera mieux comprendre. Supposons que le demandeur ait prouvé par témoins une créance de 150 francs ayant pour cause un legs d'un objet. L'héritier assigné en payement veut prouver qu'il a promis les 150 francs sur une fausse cause parce que le legs avait été révoqué ; il devra opposer à la preuve testimoniale du demandeur non pas une contre-enquête, mais le testament, l'acte duquel résulte la révocation du legs.

Lors au contraire, que le vice est simplement relatif, la situation du défendeur nous paraît plutôt se rapprocher de celle que nous avons observée au chapitre précédent, et nous n'en voulons pour preuve que l'énumération de l'article 1234, où il est dit que les obligations s'éteignent par la nullité ou la rescision comme par le payement, etc.

Cette assimilation n'est pas à vrai dire exacte, car la nullité prononcée ne laisse pas subsister le contrat même dans le passé et il est censé n'avoir jamais eu d'existence.

Cependant nous avons dû marquer la séparation entre ce chapitre et le précédent, parce qu'il se présente ici une question très-grave au point de vue des droits du défendeur.

. Lorsque le défendeur invoque un payement, une novation, etc., il est clair qu'il peut les invoquer à toute époque; tant qu'on pourra agir contre lui, il pourra faire valoir son moyen de défense, tout comme un moyen tiré de l'existence du contrat.

Mais en sera-t-il ainsi s'il invoque un vice du consentement ou l'incapacité ? Aux termes de l'article 1304, les actions en nullité durent dix ans à partir de la cessation du vice ; cette règle ne souffre exception qu'en cas de rescision de la vente pour cause de lésion qui ne dure que deux ans (art. 1676), sans doute parce qu'elle a été admise en souvenir du *beneficium principis* des Romains.

La question qui nous occupe est celle de savoir si l'exception ne dure, elle aussi, que dix ans, en sorte qu'elle pourrait être éteinte par prescription alors que l'action du contrat ne le serait pas elle-même.

Si nous nous reportons aux souvenirs du Droit romain, nous voyons le jurisconsulte Paul (1) poser très-nettement le principe que l'exception de dol est perpétuelle, tandis que l'action de dol est temporaire, mais il ne fonde pas, comme on l'a dit, cette règle sur la nature même des choses, il la fonde sur l'impossibilité pour le défendeur de prendre les devants : *Quum actor quidem in sua potestate habeat quando utatur suo jure ; is autem cum quo agitur non habeat potestatem quando conveniatur.* On pourrait donc soutenir que le jurisconsulte Paul aurait peut-être exprimé un autre avis si la victime du dol avait pu actionner en nullité du contrat, avant d'être attaquée elle-même en exécution.

Mais un texte d'Ulpien vient affaiblir cette induction. Parlant de la violence, il se demande si le violenté pourra actionner avant toute exécution, et il rapporte l'opinion négative de Pomponius : *in imperfectis autem (negotiis) solam exceptionem (competere).* Mais il ajoute aussitôt que le Préteur, dont il était lui-même l'assesseur en a décidé autrement, d'après un rescrit impérial, dans une hypothèse d'extorsion de titres : *Et sive actione vellet adversus campanos experiri, esse propositam : sive exceptione adversus petentes, non deesse exceptionem.* Et Ulpien conclut : *ex qua consti-*

1) L. 5, § 6, Dig. (44, 4), *De doli mali et met. exep.*

*tutione colligitur; ut sive perfecta, sive imperfecta res sit, et actio et exceptio detur* (1).

D'où nous concluons nous-mêmes que l'admission de la fameuse maxime : *quæ temporalia sunt ad agendum perpetua sunt ad excipiendum*, n'est pas exclusivement due en Droit romain à cette circonstance que la victime du dol ou de la violence n'aurait pas pu prendre les devants par l'action en nullité et aurait toujours été obligée d'attendre la poursuite du demandeur en exécution du contrat.

Cette maxime, admise dans notre ancienne jurisprudence, fut abrogée par l'article 134 de l'Ordonnance de Villers-Cotterets, du mois d'août 1539, sur le fait de la justice. Cette ordonnance réduisait à 10 ans le délai pour faire casser les contrats *en demandant* ou *en défendant*. La question est donc aujourd'hui de savoir si cette Ordonnance est encore en vigueur, ou du moins si elle a été explicitement ou implicitement reproduite par le Code.

Le texte de l'article 1304 ne reproduit certainement pas la disposition de l'Ordonnance ; car il ne parle que des actions, et comme il statue sur cette matière, il en résulte que l'Ordonnance est abrogée aux termes de l'article 7 de la loi du 30 ventôse an XII, organique du Code civil. Donc, les textes sont favorables à l'application actuelle de la maxime. (2)

On dit, il est vrai, qu'elle est désormais inutile puisque les actions sont illimitées dans notre Droit ; rien n'empêche, en effet, la victime de l'erreur, du dol ou de la violence d'actionner pendant les 10 ans avant toute demande d'exécution ; donc le motif qui avait fait admettre la perpétuité de l'exception en Droit romain, ne se retrouve plus chez nous.

Nous avons à l'avance réfuté cet argument en montrant que telle n'avait pas été la seule cause de la décision du Droit romain, et il est facile de montrer que l'action temporaire et l'exception perpétuelle ont leur valeur parfaitement distincte et doivent être cumulées dans la personne de la victime de l'erreur, de la violence ou du dol.

(1) L. 9, § 3, Dig., *Quod met. caus.* (4, 2).

(2) De plus, nous avons montré plus haut (p. 140), que l'art. 134 de l'Ordonnance tenait à l'organisation des Chancelleries aujourd'hui supprimées.

L'action, même quand le contrat n'est pas exécuté, sera utile pour empêcher le dépérissement des preuves, lorsqu'elles consisteraient, par exemple, en des témoins qui peuvent mourir d'un jour à l'autre.

L'exception perpétuelle servira, au contraire : 1° à l'interdit ou même au mineur qui aurait perdu tout souvenir du contrat et laisserait passer les 10 années depuis la cessation de l'interdiction ou de la minorité sans l'attaquer. Les partisans de l'abolition de la perpétuité de l'exception sont obligés de signaler une lacune dans la loi. Suivant eux, il faudrait généraliser la disposition de la loi du 30 juin 1838, art. 39, selon laquelle le délai de 10 ans pour attaquer les actes faits par une personne placée dans un établissement d'aliénés ne court qu'à partir de la signification de ces actes, faite depuis la sortie ou depuis la connaissance que l'ex-aliéné en a eue autrement.

2° Dans tous les cas, la perpétuité de l'exception est encore utile pour éviter les procès. A quoi bon forcer l'incapable ou la victime de l'erreur, du dol ou de la violence à intenter une action en nullité d'un contrat dont ils savent que l'exécution ne sera probablement jamais demandée, tant le vice est éclatant ?

Dans l'opinion adverse, il faudrait toujours soulever la question pour éviter la confirmation tacite. N'est-il pas vrai que nos mœurs répugnent à une semblable contrainte de plaider, et n'admettent plus des procès dont les frais risqueraient de n'être que frustratoires? Le Code civil et le Code de procédure nous fournissent des exemples certains de cette tendance. C'est ainsi que la demande en déclaration d'hypothèque contre le tiers détenteur n'est plus comme autrefois le préliminaire indispensable de l'exercice du droit de suite. Elle n'est plus nécessaire que lorsqu'elle est vraiment utile, par exemple, pour interrompre la prescription (art. 2173, 2180). C'est ainsi encore que la demande en reconnaissance d'écriture n'est plus le préliminaire obligé de l'exercice d'un droit constaté par un acte sous seing-privé, et qu'on est d'accord pour dire que le Code de procédure, dans l'article 193, n'a pas reproduit sur ce point les dispositions de l'édit de décembre 1684.

Ainsi, l'autorité historique du Droit romain sainement interprêté ; le texte adopté par les rédacteurs de notre Code, qui avaient sous les yeux celui de l'Ordonnance de 1539, le bon sens et les nécessités de la pratique, tout concourt à faire considérer comme encore en vigueur, la maxime : *Quæ temporalia sunt ad agendum perpetua sunt ad excipiendum.* Aussi cette opinion, si conforme aux traditions de faveur pour le défendeur, a-t-elle été admise par la jurisprudence (1).

Mais en admettant l'opinion que nous venons de soutenir, il reste une nouvelle question à se poser, celle de savoir si la maxime pourrait être invoquée par le demandeur qui voudrait opposer un moyen de nullité à titre de réplique, s'il nous est permis d'employer cette expression.

Supposons qu'un héritier mineur ait aliéné les droits qui lui appartiennent dans la succession d'une personne morte. Plus de dix ans après sa majorité, il intente la pétition d'hérédité contre son cessionnaire en possession des choses héréditaires. Celui-ci lui répond par la preuve de la cession ; le demandeur pourra-t-il invoquer, par voie de réplique, la nullité de cette cession pour cause de minorité ? Nous répondrons négativement avec la jurisprudence, puisque dix années se sont écoulées depuis la cessation de la minorité ; c'est qu'en effet l'action intentée n'est pas autre chose, au fond, qu'une action en nullité ou en rescision. Le détour pris par le demandeur afin d'éluder la déchéance de l'article 1304, ne saurait nous faire illusion sur la véritable portée de la demande (2).

Nous venons de constater les différences essentielles qui séparent le rôle du défendeur dans les contrats nuls, et ce même rôle dans les contrats annulables. Nous n'ajouterons plus qu'un mot, c'est que la nullité dans les contrats nuls peut être invoquée par toutes les personnes intéressées : le débiteur, les co-débiteurs solidaires, les cautions.

Pour les contrats annulables, il faut user de distinction : le débiteur, par exemple, ne pourrait pas opposer la minorité ou le vice du consentement de la caution. De même, le co-débiteur soli-

(1) Bordeaux, 6 avril 1843. Cassation, *Req.*, *rejet*, 1er décembre 1846.
(2) Pau, 4 février 1830 ; Cassation, *Req.*, *rejet*, 27 juin 1837.

11

daire ne pourra pas invoquer la minorité de son co-débiteur, s'il la connaissait au moment du contrat. La caution pourra, au contraire, opposer la minorité du débiteur principal si elle l'ignorait en cautionnant. Le principe de ces distinctions est posé en ces termes par l'article 1208 : « Le co-débiteur solidaire ne peut opposer les exceptions qui sont purement personnelles à d'autres co-débiteurs. »

## CHAPITRE IV.

### Du rôle du défendeur dans les actions où le demandeur affirme un fait négatif.

Nous avons déjà eu occasion, soit dans notre travail relatif au Droit romain, soit dans la partie consacrée au Droit français, de faire remarquer qu'il n'est pas vrai de dire que la preuve d'un fait négatif est impossible, et de rétablir le véritable sens du célèbre fragment de Paul : *Ei incumbit probatio qui dicit, non qui negat* (1), qui veut dire simplement que le fardeau de la preuve incombe au demandeur. Un rescrit de Dioclétien et Maximin, duquel on a voulu tirer un faux adage, confirme cette interprétation : *Actor quod adseverat probare se non posse profitendo, reum necessitate monstrandi contrarium non adstringit, quum per rerum naturam factum negantis probatio nulla sit.* Il protège, en effet, le défendeur qui se tient dans une position purement défensive, qui nie l'*intentio*, contre l'exorbitante prétention du demandeur qui, ne pouvant faire sa preuve, voudrait en rejeter le fardeau sur le défendeur ; celui-ci restera, disent les Empereurs, dans sa position défensive, et il devra être absous.

Il est bien vrai que les Romains avaient admis la dérogation que

(1) L. 2, Dig. *De probationibus* (22, 3).
(2) L. 23, Cod. de probat. (4, 19).

nous avons étudiée, relative à l'exception *non numeratæ pecuniæ*, mais par des motifs spéciaux, tirés de considérations étrangères à la preuve d'un fait négatif, à savoir la haine des usuriers, et la tendance à substituer à la *causa civilis* ou *proxima causa*, la *pristina causa*, c'est-à-dire la numération des espèces, ce que nous appelons aujourd'hui la cause.

La vérité est que le fait négatif peut se prouver en le tournant dans l'affirmative contraire toutes les fois qu'il n'est pas indéfini ; mais, dans ce cas, si la preuve en est impossible, c'est à cause de cette qualité d'indéfini, qui rendrait tout aussi impossible la preuve d'une affirmative ; car il tombe sous le sens qu'il me serait aussi difficile de prouver que je suis allé tous les jours au Capitole, que de prouver que je n'y suis jamais allé.

Ainsi, la circonstance que le demandeur invoque un fait négatif, ne doit pas amener une injuste interversion des preuves. L'*onus probandi* ne doit pas être déplacé et le demandeur, faute de preuves, doit toujours succomber : *Actore non probante reus absolvitur.*

Soit qu'on admette, avec l'autorité du Droit romain, que cette maxime est fondée sur une présomption préexistante de propriété ou de liberté en faveur du défendeur, soit qu'avec certains jurisconsultes on la fonde sur le simple doute, en écartant toute idée de présomption favorable au défendeur, il n'en faut pas moins tenir fermement à son application, soit dans les matières civiles, soit surtout dans les matières criminelles.

La valeur de cette idée que le demandeur doit toujours, et dans tous les cas, succomber faute de preuves, quelles que soient ses allégations, que le *statu quo*, l'*uti possidetis* doivent être respectées, nous est attestée, non-seulement par le raisonnement direct, mais encore par l'impossibilité où l'on s'est trouvé d'y substituer quelque chose de raisonnable.

À Rome, Aulu-Gelle (1) nous montre un juge dans l'embarras déclarant : *sibi non liquere*, que l'affaire n'est pas claire ; ceci est un déni de justice, et les parties sont, en quelque sorte, autorisées à revenir à la force et à la barbarie.

(1) *Nuits Att.*, liv. xiv, c. 2.

Certains de nos anciens auteurs veulent qu'on tranche le diffé-
rend par la moitié, ce que Cujas appelle *anile judicium*. Ceci n'est
possible que tout autant que les droits du demandeur prouvés par
lui seraient égaux aux droits du défendeur également prouvés,
comme il arrive pour le trésor trouvé par quelqu'un sur le fonds
d'autrui (art. 716); en tout autre cas, une telle décision serait
arbitraire et injuste. Enfin, on connaît la fameuse sentence du
juge de Melle, en 1644, qui, dans le doute, fit tirer les plaideurs
à la courte-paille : c'est la sentence des bûchettes, qui fut réfor-
mée par le Parlement de Paris.

Le célèbre publiciste anglais, Jérémie Bentham, avait imaginé
un autre moyen, plus radical encore, de se tirer d'embarras; ce
serait de renverser la maxime et de prononcer, dans le doute, en
faveur du demandeur : Sous le système naturel, dit-il, l'allégation
est déjà par elle-même une preuve (1). Il ajoute ailleurs cette
considération à l'appui, que dans la pratique on trouve plus de
causes gagnées par les demandeurs que par les défendeurs. Il est
bizarre de voir ainsi un puissant esprit tirer justement, pour combattre une maxime, ses arguments du bon effet produit par cette
maxime. N'est-il pas certain que si l'adage qui nous occupe était
rigoureusement observé par les hommes; si la mauvaise foi et la
passion n'engendraient pas de mauvais procès, on ne verrait jamais
un demandeur succomber, parce que jamais personne n'entre-
prendrait un procès sans avoir rassemblé toutes ses preuves ?
L'idéal d'une bonne justice est donc dans un pays, que les demandeurs gagnent toujours, et on ne peut s'en rapprocher que par
une sévère application faite par les juges de la maxime : *Actori
incumbit probatio*.

Après ces idées générales, déjà émises dans le premier chapitre, nous pouvons nous expliquer sur le rôle du défendeur
dans les principales actions où le demandeur allègue un fait
négatif.

(1) *Traité des preuves*, édit. Dumont, tome II, liv. 7, ch. 10.

## § 1er. — *Action en répétition de l'indû.*

Le demandeur en répétition doit prouver : 1° le fait du paiement ; 2° l'absence de toute obligation, ou l'indû ; 3° l'existence de l'erreur.

Telle est la règle générale conforme à notre doctrine sur la preuve des faits négatifs.

Cependant, comme il n'est pas admissible que le défendeur se retranche dans un silence systématique, comme il doit faire de son côté ses efforts pour éclairer la justice, les choses devront singulièrement changer de face, selon l'attitude du défendeur. Ces indications nous sont fournies par le bel et célèbre fragment de Paul, qui forme la loi 25 pr. au Digeste (*de probationibus*, 22, 3). Si le défendeur a nié le payement de mauvaise foi, et que ce payement ait été prouvé contre lui, la preuve relative à l'indû est renversée, et le défendeur devra prouver le *debitum*, prouver qu'il a reçu ce qui lui était dû. Le contraire serait absurde, dit le jurisconsulte : *Per et enim absurdum est eum qui ab initio negavit se pecuniam suscepisse, postquam fuerit convictus eam accepisse, probationem non debiti ab adversario exigere.*

Si au contraire, le défendeur reconnaît avoir reçu le payement, c'est alors au demandeur à prouver l'indû, à prouver qu'il a payé par le dol de l'*accipiens*, ou par suite d'une juste cause d'ignorance : *Qui enim solvit, nunquam ita resupinus est ut facile suas pecunias jactet et indebitas effundat.*

Les auteurs modernes sont d'accord pour reproduire cette distinction fondée sur le bon sens ; et en vérité, le défendeur n'a pas à se plaindre, car il est lui-même l'arbitre de son sort et, s'il assume sur sa tête une partie de la preuve, ce ne sera que le châtiment de sa mauvaise foi.

## § II. — *De l'action négatoire.*

L'action négatoire est celle par laquelle le propriétaire d'une chose prétend qu'elle n'est pas grevée d'une servitude réelle ou personnelle. Elle a donc pour objet d'interdire au défendeur l'exercice d'une servitude ou de ramener cet exercice dans ses limites véritables au cas où le défendeur l'aurait exagéré.

La question qui doit nous occuper est celle de savoir quel est le rôle du défendeur dans cette action.

Suivant l'opinion dominante en Droit français, et consacrée par le plus grand nombre d'arrêts, le demandeur à une telle action n'aurait d'autre preuve à faire que celle de son droit de propriété; il n'aurait pas à établir que son immeuble est affranchi de la servitude déniée au défendeur. Une fois la propriété prouvée (et dans la pratique cette question ne sera même pas soulevée d'ordinaire), le demandeur aurait fini son rôle, et ce serait au défendeur qu'incomberait l'obligation de prouver directement l'existence de la servitude.

Les partisans de cette doctrine vont jusqu'à dire qu'il en serait ainsi, même quand le défendeur aurait été maintenu en jouissance de la servitude, par une sentence rendue au possessoire. On sait, en effet, que la Cour de Cassation, suivant la doctrine de Pothier, admet l'action possessoire même pour une servitude qui n'est pas à la fois continue et apparente, si cette possession est fondée sur un titre.

Dans cette opinion, l'action négatoire n'est plus guère autre chose qu'une mise en demeure adressée au titulaire de la servitude d'intenter l'action confessoire; car, dire que le demandeur doit prouver sa propriété, équivaut à dire qu'il n'a rien à prouver, puisqu'en fait, le défendeur n'aura, dans la plupart des cas, aucune raison de contester la propriété, et que son langage sera celui-ci: vous êtes propriétaire, mais cela ne m'empêche pas d'avoir une servitude sur votre fonds.

Outre ce résultat singulier de voir le demandeur dispensé de toute preuve relative à l'objet du procès, cette doctrine va à l'encontre de toutes les idées reçues sur l'effet du temps par rapport à la consolidation des droits. Comme notre Code n'admet l'usucapion que pour les servitudes continues et apparentes, le titulaire de toute autre servitude verra son droit se perdre à mesure qu'il durera davantage, puisque chaque jour lui rendra plus difficile la preuve, au cas où l'action négatoire sera intentée. Il devra donc, comme le créancier d'une rente, demander un titre nouvel avant l'expiration des trente ans. Ainsi, la possession pourra lui être utile pour conserver l'exercice de son droit, mais chose étrange, elle ne lui servira de rien, ni pour fonder, ni même pour consolider son droit et en empêcher la chute à l'heure qu'il plaira à son adversaire de choisir.

Nous pouvons rechercher maintenant sur quels arguments se fonde cette opinion qui ne paraît pas, disent MM. Aubry et Rau, susceptible de sérieuses difficultés en Droit français (1).

Ces arguments sont au nombre de trois principaux : l'impossibilité pour le demandeur de prouver un fait négatif, nous nous sommes déjà expliqués sur ce point; l'autorité du Droit romain, et enfin la présomption de liberté de la propriété jusqu'à preuve contraire.

En ce qui touche le Droit romain, MM. Aubry et Rau affirment que leur opinion est celle qui se trouve enseignée par les meilleurs auteurs. Sans avoir à contester l'exactitude de cette assertion, nous nous bornerons à faire remarquer que cette opinion est tout au moins contredite formellement par Africain dont la loi 15, au Dig. *de Operis novi nuntiatione* (39, 1). Le jurisconsulte se demande quel sera l'office du juge dans l'action confessoire ou négatoire relative à une de ces servitudes qui consistent *in non faciendo*, si le défendeur refuse de *defendere*, c'est-à-dire de fournir la caution *judicatum solvi*.

A cause du caractère négatif de la servitude, il est impossible ici de suivre la marche ordinaire, c'est-à-dire d'envoyer en possession le demandeur; on se contentera donc de renverser les rôles et d'intervertir l'ordre des preuves : « *hactenus is qui rem non defenderet punietur ut jure suo probare necesse haberet : id enim esse petitoris partes sustinere.* Ainsi, que l'action soit confessoire ou négatoire, le demandeur devrait toujours faire la preuve. Supposons que le demandeur eût intenté l'action confessoire relative à la servitude *altius non tollendi*, et que le défendeur n'ait pas fourni caution, ce défendeur sera puni en ce qu'il ne pourra, désormais, bâtir qu'après avoir établi par l'action néga-

(1) Cours *de Droit civil français*, 4e édit., tom. II, § 219, note 13, p. 303.

toire que son fonds est libre de la servitude *altius non tollendi*. Il
ne serait pas puni, selon l'expression d'Africain, dans l'opinion ci-
dessus rapportée, puisque le titulaire de la servitude devrait toujours prouver l'existence de la servitude, qu'il fût demandeur à
l'action confessoire ou défendeur à l'action négatoire.

Ainsi l'autorité du Droit romain peut être très-légitimement
invoquée pour établir au contraire que le demandeur à l'action
négatoire doit prouver l'inexistence de la servitude.

Il ne reste donc plus à combattre que cette présomption de
liberté de la propriété, qui ne pourrait jamais céder que devant la
preuve contraire.

Nous admettons sans peine ce principe que la propriété doit
être présumée libre, mais il n'en faut pas tirer des conséquences
exagérées. Ce qui est vrai, c'est qu'on doit en matière de servitude, comme en matière de pleine propriété, respecter l'*uti possidetis*, soit parce qu'on le présume conforme au Droit, soit parce
qu'on doit attendre une raison pour le modifier. Qu'en résultera-
t-il ? C'est que si le propriétaire intente l'action négatoire contre
quelqu'un qui tente de posséder une servitude, qui se livre à des
actes de possession ou de quasi-possession plus ou moins répétés,
le demandeur n'aura en effet à prouver que sa propriété. Mais
pourquoi d'ailleurs intenterait-il l'action négatoire puisqu'il a la
complainte pour faire respecter le *statu quo* et attendre en paix
l'action confessoire ?

Si au contraire, et voici l'hypothèse pratique, la servitude est
possédée sans contestation possible, si le propriétaire a succombé
dans la complainte ou s'il est certain qu'il y succomberait, alors
l'action négatoire est sa seule ressource, mais n'est-il pas difficile
à comprendre que la possession ou quasi-possession, comme on
voudra l'appeler, qui tout à l'heure donnait au défendeur le bénéfice de l'*uti possidetis* comme s'il se fût agi de la pleine propriété,
ne lui donne plus maintenant le bénéfice d'un rôle purement
passif, comme dans l'action en revendication et dans toutes les
actions? Pour admettre un résultat aussi contraire à la raison
naturelle des choses, à la maxime : *actori incumbit probatio*, une
différence aussi caractéristique entre la possession de la pleine
propriété et la quasi-possession des servitudes il faudrait un texte

absolument précis, qui ne se trouve ni dans nos Codes muets sur l'action négatoire, ni dans le Droit romain, ni dans nos anciens auteurs.

En Droit romain, nous voyons en effet le jurisconsulte Ulpien attribuer à la possession des servitudes les mêmes effets qu'à la possession de la pleine propriété (1).

Pothier assimile lui aussi la quasi-possession à la possession proprement dite, et Dunod écrit ce qui suit sur notre question : « Comme la liberté est présumée de droit, celui qui agit par l'action négatoire ayant pour lui cette présomption, il ne doit être chargé d'aucune preuve ; c'est à la partie qui prétend la servitude de prouver qu'elle a été constituée ou prescrite ; à moins qu'elle ne soit avouée en possession, parce que sa possession détruirait la présomption de la liberté. »

Ainsi nous pouvons dire que la propriété est présumée libre, mais seulement jusqu'à présomption contraire, et que cette présomption contraire résulte de la possession incontestée d'une servitude par le défendeur à l'action négatoire ; ou, si l'on aime mieux soutenir, avec M. de Savigny, que la possession ne fait pas présumer l'existence du droit exercé, nous pouvons dire que la possession des servitudes fait prévaloir comme celle de la propriété l'*uti possidetis*, et maintient l'état de choses actuel jusqu'à preuve contraire par le demandeur qui voudra innover sur cet état de choses.

Nous avons donc ainsi détruit les arguments de l'opinion dominante, et il nous est permis de conclure que le demandeur à l'action négatoire doit prouver l'inexistence de la servitude contre le défendeur qui l'exerce, toutes les fois que cet exercice constitue une véritable possession protégée par la complainte.

Toutefois si nous avons adressé à la théorie que nous combattions des reproches au point de vue pratique, nous devons prévoir ceux que la nôtre pourrait encourir. Ne pourrait-on pas dire qu'elle aboutit pratiquement à la création des servitudes même autres que continues et apparentes par l'usucapion, contrairement aux dispositions de l'article 691 ?

Supposons en effet une servitude de passage exercée depuis

_____

1) L. 8, § 3, Dig. si servit. vindicetur (8, 5).

très-longtemps, le demandeur intente l'action négatoire, il lui sera impossible, justement à cause du long temps écoulé, de prouver l'inexistence de la servitude. D'abord on pourrait répondre qu'il est en faute d'avoir laissé écouler ce temps, d'avoir laissé perdre ainsi la mémoire, la cause première de cet exercice de la prétendue servitude. Mais on peut aller plus au fond, l'impossibilité de la preuve tient ici à ce qu'il s'agit d'une négative indéfinie, or nous avons déjà eu occasion de faire remarquer que le défendeur ne peut pas rester absolument muet, qu'il doit des éclaircissements à la justice, ainsi le demandeur pourra, dans l'espèce, l'interpeller et lui demander en vertu de quel titre il possède la servitude. Le défendeur devra répondre en vertu de tel testament, telle donation, tel titre de vente et alors le demandeur devra prouver l'inexistence de ce titre.

Le défendeur sera donc absous si le demandeur ne parvient pas à prouver cette inexistence, tandis que dans l'opinion contraire, le demandeur aurait triomphé faute par le défendeur de n'avoir pu prouver l'existence du titre. Ainsi malgré ce tempérament nous restons fidèle à notre manière de voir, puisque nous respectons l'ordre habituel des preuves et que nous laissons le profit du doute au défendeur.

Si le défendeur répondait qu'il ignore le titre originel de sa possession, parce qu'elle est fort ancienne et transmise de génération en génération, il faudrait distinguer selon la nature de la servitude exercée. Si elle est continue et apparente, et que la bonne foi du défendeur ne soit pas contestée, quant à l'ignorance de son titre, le demandeur succombera. Qu'on ne dise pas que la servitude peut être ainsi établie par une possession qui n'aurait pas 30 ans, car nous répondrions qu'il est bien peu probable que le souvenir du titre se fût sitôt perdu, et que, d'ailleurs, il y aurait lieu simplement d'appliquer au demandeur la maxime : *Non jus deficit sed probatio*. Pour prouver cette assertion, il nous suffit de supposer que le défendeur soit venu à perdre la possession et que l'année se soit écoulée depuis. Désormais, il succomberait dans la complainte, mais il ne succombera pas moins dans l'action confessoire, puisque, d'une part, il ne pourra rapporter son titre, et que, d'autre part, il ne pourra fonder son droit sur la longue possession, s'il ne peut prouver qu'elle remonte à plus de 30 ans. Donc, il n'était pas vrai de dire tout à l'heure que nous avions créé une servitude par la prescription, en dehors des conditions de la loi.

Si, au contraire, la servitude exercée est autre que continue et apparente, le défendeur devrait succomber s'il ne rapportait pas son titre parce qu'ici la possession, pour cesser d'être un pur fait destitué de tout effet juridique, doit être toujours étayée d'un titre. Sans cela l'exercice, si prolongé qu'il soit, d'une servitude n'est considéré que comme un simple acte de tolérance de la part du propriétaire du fonds servant. Celui-ci peut le faire cesser quand il veut. L'adversaire n'aura pas la complainte, il sera obligé d'intenter l'action confessoire. Si donc au lieu d'empêcher brutalement et par la force cet exercice de la servitude, le propriétaire du fonds servant préfère recourir à la voie légale de l'action négatoire, il est clair que cette action est ici improprement nommée et qu'elle n'est, en effet, qu'une mise en demeure d'exercer l'action confessoire.

Ceci, sans doute, tombe sous le coup de cette observation présentée plus haut, que le temps produit ici un effet de destruction contraire à son effet ordinaire de consolidation. Mais c'est le résultat forcé de notre loi interprétée par la jurisprudence qui n'admet pas qu'un exercice, si prolongé qu'il soit, d'une servitude qui n'est pas continue et apparente, puisse fonder même l'action possessoire.

Le droit d'interroger le défendeur que nous venons de reconnaître au demandeur, ne saurait nous paraître exorbitant après les observations générales que nous avons présentées dans notre chapitre premier. Il n'est pas plus rigoureux, en effet, que le droit de déférer le serment ou d'interroger sur faits et articles. Il se recommande, en outre, de l'autorité du Droit romain (1) et aussi de la force même des choses. N'est-il pas évident, en effet, que le demandeur, dans l'action en revendication, a reçu de la loi ce droit pour connaître la cause de possession du défendeur et appliquer les principes des articles 2230 et suivants? Nous

(1) Dig., tit. de interrog. in jur. fac. (11, 1).

n'avons fait que transporter cette idée dans la matière de l'action négatoire.

Ceci nous conduit à cette observation générale, que le défendeur peut, dans certaines actions, avoir pour rôle de répondre à une interrogation.

En résumé, nous résolvons la question de preuve dans l'action négatoire par les distinctions suivantes :

1° Toutes les fois que le défendeur ne fera que des tentatives d'exercice, qu'il n'exercera pas d'une manière incontestable la servitude, le demandeur qui pourrait se contenter de la complainte n'aura qu'à prouver son droit de propriété; le défendeur devra prouver l'existence de la servitude.

2° Si le défendeur jouit d'une servitude continue et apparente ou d'une autre servitude, mais avec un titre, en sorte, qu'en cas de dépossession, il triompherait dans la complainte, c'est au demandeur à prouver l'inexistence de la servitude.

3° Si le défendeur jouit de la servitude, mais qu'il s'agisse d'une servitude autre que les continues et apparentes et qu'il n'ait pas de titre, il devra prouver l'existence de la servitude parce que sa possession ne lui donnerait pas la complainte.

## CHAPITRE V.

## Le défendeur invoque un fait négatif.

Nous avons vu dans le chapitre précédent quel est le rôle du défendeur lorsque le demandeur se prévaut d'un fait négatif. Nous devons appliquer maintenant les mêmes principes au cas où c'est le défendeur qui, à son tour, invoque un fait négatif.

Nous devons décider qu'il devra faire la preuve en tournant ce fait en une affirmative ou en ayant recours à l'*interrogatio in jure*, si le fait négatif en question est indéfini.

Veut-il prouver, par exemple, le défaut absolu du consentement, il montrera que le prétendu débiteur était un enfant au moment de l'engagement, ou dans une donation ou un testament qu'il n'était pas sain d'esprit (art. 901).

S'agit-il du défaut absolu d'objet, il prouvera la perte de la chose avant le consentement. Invoque-t-il enfin un *alibi*, il montrera qu'il était présent dans un autre lieu.

Nous n'aurions donc ici aucune observation particulière à présenter, si nous n'étions pas naturellement amenés à parler de la difficulté relative à la cause qui résulte de l'article 1132 C. civil.

Si le défendeur prétend que la cause de son obligation est fausse, il est clair qu'il doit en administrer la preuve, montrer, par exemple, qu'il s'est obligé en vertu d'un legs qu'il croyait valable, alors que ce legs était révoqué par un codicille trouvé depuis.

Mais que veut dire l'article 1132, ainsi conçu : La convention n'est pas moins valable quoique la cause n'en soit pas exprimée ?

Sur cet article deux opinions bien tranchées se sont formées, sinon dans la jurisprudence, du moins dans la doctrine.

D'après la jurisprudence affirmée notamment par un arrêt de la Cour de Cassation, chambre civile, du 16 août 1848, confirmé depuis par un arrêt de rejet de la Chambre des requêtes, du 9 février 1864, cet article signifie que le porteur d'un billet souscrit par une personne, ou même d'un titre authentique, si l'espèce se présentait, n'a pas besoin de prouver la cause de l'obligation constatée dans ce billet. L'aveu du défendeur constatée par l'écriture ferait présumer l'existence de la cause sous-entendue du billet, et ce serait au défendeur à prouver l'inexistence ou la fausseté de la cause pour laquelle il a souscrit ce billet.

Dans l'autre opinion, au contraire, on fait remarquer que l'article 1108 exige comme l'une des conditions essentielles à la validité (ou pour mieux dire à l'existence) d'une convention, une cause licite dans l'obligation : donc, dit-on, le créancier doit faire la preuve de cette cause. S'il est porteur d'un billet ainsi conçu : Je payerai la somme de 1000 francs à Primus, avec la date et la signature; on voit bien prouvés le consentement et l'objet, mais il reste à prouver la cause.

Si nous avons bien posé la question, on voit qu'au fond elle se réduit à celle de savoir si le billet ainsi conçu fait présumer la cause jusqu'à preuve contraire par le défendeur, ou s'il ne la fait pas présumer.

Il nous semble qu'il doit la faire présumer. D'abord le texte de l'article 1132 ne signifierait rien s'il n'était ainsi expliqué; car qui s'aviserait jamais de dire que la validité de la convention est subordonnée à l'expression de la cause? Ne suffit-il pas que la cause existe et soit connue déjà des parties?

Ensuite qu'on prenne garde à la présomption contraire qui résulte de l'admission de l'autre opinion. Le signataire du billet l'a signé sans cause, c'est-à-dire par folie, violence ou dol; de tels faits sont-ils présumables et forment-ils la règle?

Notre ancienne jurisprudence, après avoir tenté d'introduire dans les matières civiles l'exigence de la mention de la cause admise encore aujourd'hui dans les effets de commerce (art. 110 et 188 du Cod. de com.), avait fini par se ranger à l'opinion que nous soutenons par des arrêts du Parlement de Paris de 1567 et de 1582; et M. Bonnier rapporte les paroles suivantes de l'avocat général Denain, le 20 juillet 1706 : « Par notre usage tout homme qui a signé une promesse volontairement, *sine metu et sine dolo*, est lié naturellement ou civilement, et est astreint par sa signature à remplir son obligation, indépendamment de défaut d'expression de la cause (1). »

L'arrêt du 10 août 1848, rendu dans une espèce où le billet portait : je payerai, ne dit pas autre chose. Suivant cet arrêt, l'article 1132, signifie « que bien que la cause ne soit pas exprimée dans une obligation, il y a présomption qu'elle existe et qu'elle est vraie et licite, à moins que le contraire ne soit prouvé; il suit de là que, si celui contre lequel l'exécution d'une telle obligation est poursuivie, prétend qu'il y a défaut de cause, ou cause fausse ou illicite, c'est à lui d'en fournir la preuve. »

Au fond l'opinion contraire tendrait à rétablir chez nous quelque chose d'analogue à l'exception *non numeratae pecuniae*, que nous avons vu n'être conservée en Droit romain, que lorsque la

(1) V. *Traité des preuves*, t. II, p. 203.

cause n'est pas exprimée dans l'écrit probatoire, et que nous avons vu disparaître, ainsi restreinte, dans notre ancienne jurisprudence.

Ainsi le défendeur devra prouver l'inexistence de la cause soit que le billet porte : je payerai, soit qu'il porte : je reconnais devoir; car au fond il n'y a pas de distinction à faire entre ces deux expressions, bien que le contraire soit enseigné par de graves auteurs.

N'est-il pas vrai, en effet, que celui qui promet de payer se reconnaît par là même débiteur ?

Mais si le défendeur se trouve en présence d'une négative indéfinie, nous répétons qu'il sera en droit, sans violer les principes généraux, d'exiger du demandeur, l'allégation de la cause sous-entendue pour prouver ensuite l'inexistence de cette cause.

Tout ceci nous amène à faire une observation générale qui a son intérêt; nous venons de voir le défendeur *invoquer* un fait négatif et faire la preuve, ce qui suppose que le demandeur avait déjà fait de son côté la preuve de son droit, car cela est nécessaire pour que le défendeur ait à prendre une situation affirmative, et ait besoin d'*invoquer*.

Cependant rien ne s'oppose à ce que le défendeur fasse plus que son devoir et assume le fardeau de la preuve avant que le demandeur n'ait prouvé lui-même, c'est-à-dire alors que le défendeur pourrait se contenter d'empêcher le demandeur de faire sa preuve. Cela peut se présenter dans les matières civiles comme dans les matières criminelles; c'est ainsi qu'on interprète l'article 214 du Cod. de pr., en ce sens que le défendeur à qui on oppose un acte sous seing privé peut, au lieu de se contenter de dénier sa signature, et d'amener ainsi la vérification d'écriture, s'inscrire tout de suite en faux et renverser l'ordre des preuves en la prenant à sa charge.

Mais cette marche est bien plus fréquente encore dans les matières criminelles parce que le défendeur a un intérêt moral évident à prouver son innocence et à être renvoyé non pas faute de preuves, mais comme ayant prouvé qu'il n'était pas coupable; c'est ce qui arrivera, par exemple, toutes les fois qu'il aura invoqué et prouvé un alibi. Il pourrait se contenter de faire naître le doute, de montrer l'insuffisance des preuves alléguées par le ministère public, mais il a préféré prouver directement son innocence. Il est regrettable que la question complexe posée au jury en ces termes : l'accusé est-il coupable, ne permette pas de tenir compte d'une telle différence au grand criminel. Il est impossible de savoir si l'accusé est acquitté faute de preuves ou comme innocent. Il en est autrement devant les tribunaux correctionnels qui motivent leurs jugements et n'ont qu'à changer légèrement leur formule pour tenir compte de cette distinction : attendu qu'il résulte de l'instruction et des débats que le prévenu n'est pas coupable, ou attendu qu'il ne résulte pas de l'instruction et des débats que le prévenu soit coupable.

## CHAPITRE VI.

### Le défendeur est obligé de s'en rapporter à l'allégation du demandeur.

Quoiqu'en thèse générale le demandeur soit obligé de prouver ses allégations, il y a cependant des cas où le défendeur doit s'en rapporter à l'allégation ordinairement assermentée du demandeur.

Ces cas tiennent tantôt à la qualité de la personne, tantôt à la nécessité des choses, tantôt au choix du juge.

1° Qualité de la personne. Nous trouvons d'abord ici la disposition de l'article 1716 du Code civil qui veut que le locateur en soit cru sur son serment en cas de contestation sur le prix d'un bail verbal, dont l'exécution est commencée, lorsqu'il n'existe pas de titre, sauf au locataire à demander l'expertise. Cette disposition est motivée sur ce que le locateur qui reste a plus d'intérêt, à dire vrai, que le locataire qui passe. Mais l'application pratique de cet article nous paraît être singulièrement restreinte par les dispositions de la loi du 23 août 1871, modifiée par celle du 28 février 1872, lesquelles ont exigé l'enregistrement des baux verbaux et mis la déclaration à la charge du propriétaire. Ainsi, à moins d'avoir négligé la formalité de l'enregistrement, le propriétaire aura lui-même déclaré par avance et par écrit quel est le prix du bail.

L'article 133 du Cod. de pr., autorise l'avoué de la partie gagnante à réclamer la distraction des dépens à son profit sur son affirmation qu'il a avancé la plus grande partie des frais. Cette affirmation n'a pas besoin d'être corroborée par le serment, mais il faut dire aussi qu'il ne s'agit là que d'une mesure conservatoire et qu'il n'y a pas procès entre l'avoué et son client.

Enfin, l'art. 1781 du Cod. civ., disposait : Le maître est cru sur son affirmation pour la quotité des gages, pour le payement du salaire de l'année échue et pour les à-comptes de l'année courante. Cet article a été abrogé comme mécontentant les parties intéressées (Loi du 2 août 1868).

2° Nécessité absolue de s'en rapporter au demandeur.

C'est le cas du serment appelé serment en plaids et prévu par l'art. 1369 : « Le serment sur la valeur de la chose demandée, ne peut être déféré par le juge au demandeur, que lorsqu'il est d'ailleurs impossible de constater autrement cette valeur. »

« Le juge doit même dans ce cas déterminer la somme jusqu'à concurrence de laquelle le demandeur en sera cru sur son serment. »

L'application de cet article se présente en cas de perte d'un objet, soit dans un voyage, soit dans une auberge, soit dans un autre cas de dépôt nécessaire. Le demandeur doit prouver la dette, c'est-à-dire le dépôt de la chose, sa remise à la Compagnie du chemin de fer, ou son entrée dans l'auberge. Mais, puisque le défendeur ne représente pas la chose, et que d'autre part il n'allègue pas une perte qui le libère, il est en faute, et sa punition sera de subir l'allégation du demandeur, sauf au juge à fixer un maximum et même à ne condamner le défendeur qu'à une somme inférieure à celle qui a été évaluée par le demandeur, selon la tradition du Droit romain et de notre ancienne jurisprudence, dont il

12

n'est pas admissible que les rédacteurs du Code aient voulu s'écarter (1).

3° Choix du juge.

C'est l'hypothèse du serment déféré d'office, ou serment supplétoire réglé par les art. 1366 à 1368.

La loi suppose que la preuve du demandeur n'est pas complète, mais que cependant sa demande n'est pas totalement dénuée de preuve, et elle autorise le juge à déférer le serment à celle des parties qui lui paraît la plus digne de foi.

Si le juge choisit le défendeur, il n'y a rien que de conforme aux principes, puisque le défendeur sera l'arbitre de sa destinée ; s'il jure, il sera absous, faute de preuves. Du reste, le demandeur, sans aucune preuve, aurait eu le droit lui-même de lui déférer le serment décisoire, ce qui vient à l'appui de cette idée déjà émise par nous comme évidente, que le défendeur malgré la maxime : *Onus probandi incumbit actori* ne peut pas cependant s'en tenir à un rôle absolument muet ; il doit des éclaircissements à la justice.

Si, au contraire, le juge choisit le demandeur, ce qui devra être, autant que possible, le cas le moins fréquent, il y a dérogation véritable à la règle générale, qui veut que le défendeur soit absous faute de preuves, et à cette idée de bon sens que personne ne peut se fournir des titres à soi-même. Aussi est-on d'accord pour reconnaître aujourd'hui, comme autrefois, combien est défectueux ce mode de preuve et pour le restreindre, en général, au cas où la preuve testimoniale serait elle-même admissible.

(1) Voir Ulpien, l. 4, § 4, Dig., *de in lit. jurejur.* (12,3). Beaumanoir, ch. 39, § 70. Pothier, *Obligations*, n° 932. Même avec cette faculté pour le juge de réduire les évaluations exagérées, de tenir compte dès lors de la qualité de la personne, cette preuve, chose triste à dire, donne lieu à de graves abus dans la pratique, abus malheureusement inévitables. Ainsi, nous avons entendu dire à des hommes mêlés au contentieux des chemins de fer que le fait suivant se produit fréquemment ; le colis égaré est retrouvé après la sentence rendue sur le serment du demandeur. La Compagnie offre de le restituer moyennant sa décharge de l'obligation de payer, et la partie refuse. Elle devrait pourtant avoir avantage à accepter, car la déclaration ne doit porter que sur la valeur vénale de l'objet perdu, sans tenir compte de la valeur d'affection.

Il n'y a qu'un cas où le serment supplétoire soit vraiment des-
tiné à empêcher de criantes injustices, c'est celui de l'article 1329,
relatif au registre des marchands opposés aux personnes non-
marchandes qui nient les fournitures. Ici, lorsque le livre-journal
sera parfaitement en règle, que le marchand est ancien et honoré
dans sa partie et que le défendeur, au contraire, est un homme
peu considéré, il est bon que les juges puissent déférer au marchand le serment supplétoire qui, dans l'espèce, ne pourrait
d'ailleurs être suppléé par la preuve testimoniale, puisque le registre ne saurait compter pour un commencement de preuve par
écrit. Sans cela, le commerce de détail serait impossible, il faudrait, ou tout régler au comptant, ou faire signer le livre-journal
par chaque client au moment de la fourniture.

## CHAPITRE VII.

### Des exceptions selon le Code de procédure.

Dans notre Droit actuel, le mot *exception* est tantôt pris dans
le sens de défense au fond, tantôt de moyen dilatoire, c'est-
à-dire, selon l'expression de nos vieux coutumiers, qui sert à
délaier la demande.

D'après le texte des articles 1360 et 1361, on serait porté à
croire que toute allégation opposée par le défendeur à l'attaque
de son adversaire est une exception, qui comprendrait alors tout
ce qui pourrait être objecté à la demande. Nous voyons, en effet,
qu'en traitant du serment, ces articles décident que la partie à
laquelle le serment est déféré, et qui refuse de le prêter ou de le
référer, doit succomber dans sa demande, si c'est le demandeur,
ou dans son exception, si c'est le défendeur. Le mot *exception* est
donc pris, dans ce passage, comme équivalent à ces expressions de

nos canonistes, *defensio, allegatio.* Mais si l'exception est un moyen de défense, tout moyen de défense n'est pas une exception. Dans notre Code de procédure, en effet, l'exception ne touche pas le fond du droit invoqué par le demandeur ; elle n'a qu'un but, celui d'en empêcher l'examen en justice ; elle correspond aux déclinatoires, aux fins de non-valoir de notre ancienne jurisprudence.

Nous repoussons la qualification de péremptoires pour nos exceptions, et nous n'admettons celles de dilatoires que dans un sens autre qu'en Droit romain. Nous ne maintenons pas ces distinctions, car le *jus civile* et l'*æquum jus* sont confondus dans nos Codes, nous n'avons plus d'actions de droit strict ou de bonne foi, le juge ne remplit pas les mêmes fonctions que le *judex*, nous n'avons plus de formule qui pose la condition de la condamnation ou de l'absolution *exceptionis opé.*

Quant au sens attribué au mot *péremptoires*, il est bien différent dans les deux législations ; les Romains entendaient ainsi les exceptions au point de vue de leur durée, tandis que, dans notre Droit français, on les considérait au point de vue des effets. On n'examinait pas l'influence que l'exception pouvait produire sur la personne du *judex*, mais le temps pendant lequel telle ou telle exception pouvait être demandée *in jure* devant le Préteur, qui délivrait la formule d'action.

L'exception est péremptoire ou perpétuelle, en Droit romain, si sa présentation est possible à quelque époque que le demandeur intente son action ; selon nos auteurs français, si sa présentation annihile ou repousse complètement la prétention de l'*actor.* Cette manière de voir devait amener nécessairement à des conséquences erronées, quand on a voulu continuer une assimilation dont le point de départ était une inexactitude. On appelait, au contraire, exceptions dilatoires ou temporaires, celles qui ne pouvaient être opposées que si l'action était intentée avant un certain temps, comme l'exception résultant d'un pacte de *non-petendo* pendant cinq ans. Mais, au point de vue des effets sur le droit du demandeur, elles produisaient, dans le Droit romain classique, c'est-à-dire dans la période où naquit cette distinction, les mêmes résultats. Le demandeur perdait son droit d'action pour toujours, menacé qu'il était, s'il intentait un nouveau procès, de l'exception *rei in judicium deductæ*, ou *rei judicatæ*, selon les circonstances.

Pourtant, l'influence de cette terminologie a été si grande sur l'esprit d'un grand nombre d'auteurs, et nous comptons parmi eux les autorités les plus compétentes, qu'on veut encore aujourd'hui trouver dans notre Droit des exceptions péremptoires du fond différentes des moyens de défense directs.

La grande difficulté qui a arrêté ces auteurs a été l'énumération des véritables exceptions. Comment trouver la démarcation entre les moyens de défense directs et ces exceptions péremptoires dont le Code ne parle pas ?

Si on veut invoquer ces exceptions que Pothier appelle péremptoires du fond, telles que l'exception de prescription, de transaction, qu'il prend pour exemples, ou tout autre moyen analogue, comment pourra-t-on dire que le droit du demandeur existe juridiquement, mais qu'il est paralysé indirectement par le droit qui compète à un autre?

Supposons, par exemple, qu'une action est dirigée contre moi en remboursement d'une somme qui m'a été prêtée, et que j'oppose tout d'abord en vertu de l'article 173 du Code de procédure, une nullité dans l'exploit d'ajournement. C'est là une simple exception qui laisse intacte la question qui devra être jugée plus tard entre le demandeur et moi. Si je prétends que la dette est prescrite ou si j'oppose l'un des moyens énumérés dans l'article 1234 du Code civil, j'entre directement dans la question du fond de la demande, je conteste le droit de mon adversaire en prétendant ne rien devoir. Prétendre que la créance que vous aviez contre moi vous a été payée, ou dire qu'elle a été prescrite, n'est-ce pas nier purement et simplement l'existence de la dette ? Notons qu'il en était de même en Droit romain si j'invoquais le payement ou l'usucapion ; dans tous ces cas, l'effet de la défense avait lieu *ipso jure* et non *exceptionis ope*.

Si j'invoque un pacte de remise, votre dette est éteinte aussi radicalement que si je l'ai payée et comment me défendrai-je contre vous? en niant la dette; d'un côté je devrai prouver l'existence du pacte et de l'autre présenter votre quittance. Il en était encore de même à Rome où l'invocation d'un simple pacte dans l'*actio injuriarum* avait lieu *ipso jure* et non *exceptionis ope*.

Nous ne pouvons trouver en Droit français cette limitation claire et précise qui permet en Droit romain de distinguer au premier coup d'œil les exceptions péremptoires, des défenses *ipso jure*. Chez nous tous les moyens qui consistent à soutenir dans une action personnelle que la dette n'a jamais existé ou qu'elle a été éteinte par une des causes prévues par l'article 1234, appartiennent indistinctement au Droit civil. Tous ces moyens sont des défenses au fond, qui diffèrent essentiellement dans leur fontionnement juridique de l'institution romaine, ou plutôt de ces institutions romaines, qui donnaient à l'exception son véritable caractère. Le Code de procédure comprend sous le nom d'exception ce qu'on doit prendre aujourd'hui par opposition à tous les moyens de défenses au fond quels qu'ils soient (1).

En lisant les articles du Code de procédure compris sous la rubrique des exceptions, art. 100, 173, 186, nous pouvons y voir une distinction admise entre une défense et une exception ; mais parmi les moyens compris sous cette dernière dénomination nous n'en trouverons aucun dont l'admission puisse occasionner la perte radicale du droit du demandeur. Ce dernier n'aura qu'à renouveler sa demande devant un autre tribunal ou à une autre époque. Ces moyens n'entrent pas dans l'examen de la réalité de la demande, ils ne contredisent pas les prétentions du demandeur, ils servent simplement à établir que le tribunal, auquel s'est adressé ce dernier, ne peut juger la cause parce qu'il n'en serait pas régulièrement saisi, ou parce que le temps de juger ne serait pas encore arrivé.

En somme le Code de procédure a employé le mot exception dans un autre sens que le Code civil et il a opposé les exceptions aux défenses.

En ce sens, on peut appeler défenses les moyens par lesquels le défendeur combat directement ou indirectement la prétention du demandeur, de manière à la faire tomber ou à la faire déclarer mal fondée.

(1) Boitard, *Traité de Proc. civ.* t, § 313 *in fine*.

On peut au contraire définir les exceptions : les moyens par lesquels le défendeur, sans examiner le mérite de la prétention du demandeur et sans la combattre, tend à la faire écarter et déclarer non-recevable soit pendant un certain temps, soit jusqu'à l'accomplissement de certaines conditions, soit purement et simplement.

En ce sens les exceptions diffèrent des défenses quant aux trois points suivants :

1° Le défendeur doit toujours faire la preuve de l'exception : nous avons vu, au contraire qu'il peut avoir deux attitudes quant aux défenses, ou une attitude purement négative, dans laquelle ses défenses ne sont que des arguments pour empêcher la preuve du demandeur, et sans que le défendeur ait dès lors rien à prouver puisqu'il ne cherche qu'à faire naître le doute ; ou une attitude affirmative qui mette la preuve à sa charge, comme lorsqu'il invoque un mode d'extinction.

2° Les défenses peuvent en général être proposées par le défendeur dans l'ordre qu'il lui plait de choisir, nous disons en général parce que nous avons montré que le défendeur doit prendre garde cependant de renoncer par un aveu implicite à une défense en en invoquant une autre.

Au contraire, les exceptions doivent être proposées par le défendeur qui en aurait plusieurs à faire valoir, dans un ordre déterminé par la loi.

3° Les défenses peuvent être proposées par le défendeur à toute époque de la procédure, même en appel.

Mais au contraire, les exceptions, sauf celle d'incompétence *ratione materiæ* qui est d'ordre public, doivent être proposées *in limine litis* et avant les défenses au fond.

Le Code de procédure a ainsi développé les principes relatifs à cinq ordres d'exceptions : 1° La caution à fournir par les étrangers ; 2° Les renvois ou déclinatoires fondés sur l'incompétence *ratione materiæ* ou *ratione personæ*, la litispendance et la connexité ; 3° Les nullités de forme, soit dans l'exploit d'ajournement, soit dans toute autre acte de procédure ; 4° Les exceptions dilatoires, c'est-à-dire, tendant à l'obtention d'un délai soit pour faire inventaire ou délibérer, soit pour appeler garant en cause ou exception dilatoire de garantie ; 5° La demande de communication de pièces, qui est, il est vrai, commune aux deux parties.

Il n'entre évidemment pas dans le plan de notre étude de donner aucun détail sur chacune de ces exceptions, car nous nous bornons à rechercher les divers aspects que peut présenter le rôle du défendeur. Cependant, il nous semble que nous ne pouvons nous dispenser d'examiner dans quel ordre la loi a voulu que ces diverses exceptions pussent être présentées.

Reportons-nous, pour examiner cette question, aux textes du Code de procédure.

D'après l'article 166, le défendeur doit requérir la caution de l'étranger demandeur avant toute exception.

D'après l'article 169, le défendeur qui oppose l'exception d'incompétence relative ou *ratione personæ*, sera tenu de former cette demande préalablement à toutes autres exceptions ou défenses.

D'après l'article 173, toute nullité d'exploit ou d'acte de procédure est couverte si elle n'est opposée avant toute défense ou exception autre que les exceptions d'incompétence. Mais ceci ne doit évidemment s'entendre que des nullités de l'exploit d'ajournement ; car pour la nullité d'autres actes de procédure, comme d'une enquête, il est évident que la nullité devra être proposée avant de discuter au fond l'enquête.

Nous pouvons nous arrêter ici pour le moment, et nous demander dans quel ordre le défendeur qui aurait ces trois exceptions à faire valoir devrait les proposer.

Il n'y a pas de difficulté pour le rang des exceptions de nullité par rapport à l'incompétence *ratione personæ* ; mais quel est l'ordre de l'exception de la caution à fournir par les étrangers ? D'après les articles 169 et 173, nous la mettrions au troisième rang, mais l'article 166 la met au premier ; comment résoudre cette antinomie ?

Dans le projet de Code, on la rejetait en effet au troisième rang, en disant, dans l'article 166, « avant toute exception autre que celle d'incompétence ou celle de nullité d'exploit. » Mais le Conseil d'État rejeta la fin de la phrase ; de plus il plaça dans l'ordre du

Code cette exception la première, et cet ordre n'est pas indifférent. Enfin, la raison montre que la caution destinée à garantir les frais, doit être donnée avant tous frais, même sur le déclinatoire, même sur la question de nullité.

En conséquence, nous mettrions l'exception de caution la première, puis viendrait l'incompétence, puis la nullité.

Cependant, on pourrait être moins absolu, et dire : si on décline la compétence, qu'on demande caution pour ce petit procès, et plus tard, si le tribunal se déclare compétent, on demandera caution pour le fond.

En présence de ces difficultés, il semble que le plus pratique serait de dire que les exceptions ne se couvrent pas l'une par l'autre, et que le mieux sera pour le défendeur de les présenter ensemble.

Quant aux exceptions dilatoires, l'article 186 dit qu'elles seront proposées conjointement et avant toute défense au fond. Il en résulte que nous les classerons les dernières sans difficulté.

Mais s'il y a plusieurs exceptions dilatoires à faire valoir, comment doivent-elles être présentées entre elles ? L'article 186 dit *conjointement*, mais l'article 187 ajoute que cela n'a pas lieu pour l'exception de l'héritier et de la veuve, qui pourront proposer leurs exceptions dilatoires après celles qui résultent des délais pour faire inventaire et délibérer.

De là naît la difficulté de savoir quand s'appliquera le *conjointement* de l'article 186, puisque le Code de procédure n'a admis que deux exceptions dilatoires, celle de la veuve ou de l'héritier et celle de garantie.

Les articles 186 et 187 ont été empruntés à l'Ordonnance de 1667, qui admettait beaucoup d'autres exceptions dilatoires, et parmi lesquelles un certain nombre de moyens qui sont de véritables défenses opposables en tout état de cause, comme le bénéfice du terme, l'incapacité du demandeur, la prescription, etc.

Il n'est donc peut-être pas téméraire de dire que l'article 186 a été introduit par inadvertance dans notre Code de procédure ; cependant, on a cherché à l'expliquer en trouvant d'autres exceptions dilatoires dans notre Droit, et on en a trouvé.

On peut citer le bénéfice de discussion des cautions, qui était incontestablement une exception dilatoire dans l'ancien Droit. L'article 2022 déclare que la caution devra l'opposer sur les premières poursuites dirigées contre elle : donc elle devra opposer cette exception conjointement à l'exception de garantie qu'elle a pour appeler en cause le débiteur, et l'article 186 sera ainsi appliqué.

Il en sera de même s'il y avait plusieurs exceptions de garantie à faire valoir par la même personne. Par exemple, une caution détient un immeuble hypothéqué à la dette ; elle a la garantie simple contre le débiteur principal, la garantie formelle contre son vendeur ; elle devra proposer ces deux exceptions conjointement par un seul et même acte.

Enfin, l'article 1225 présente un autre exemple de l'exception dilatoire.

Il ne reste plus que la demande de communication de pièces, mais il n'y a ici aucune difficulté ; le demandeur à la communication, qu'il soit demandeur ou défendeur à la demande originaire, devra demander cette communication, d'après l'article 183, dans un délai de trois jours depuis que les pièces auraient été signifiées ou employées.

## CHAPITRE VIII.

### Du rôle du défendeur dans les demandes reconventionnelles.

On dit qu'il y a reconvention toutes les fois que le défendeur conclut à ce que le demandeur soit condamné à faire ou à laisser faire une chose ou à payer une somme déterminée ; il y a défense quand on se borne à discuter la demande et à démontrer qu'elle n'est pas recevable ou qu'elle est mal fondée. Au moyen d'une défense, le défendeur cherche à éviter sa propre condamnation ; par la reconvention, il peut arriver à celle du demandeur.

La reconvention nous présente certains caractères particuliers qui la rapprochent du fondement de l'exception romaine. Comme dans cette dernière, le défendeur invoque un droit indépendant ; la reconvention ne contredit pas directement la prétention du demandeur en tant que cette prétention ne se rapporte qu'à l'existence du droit invoqué et non à la condamnation ; elle peut diminuer simplement la condamnation du défendeur. Pas plus que l'exception romaine, la reconvention ne contient nécessairement l'aveu de l'existence du droit du demandeur ; elle est un moyen d'attaque utilisé dans un but défensif, d'où il suit qu'on devra appliquer ici les règles ordinaires de la preuve, auxquelles tout demandeur doit se soumettre : *In exceptione reus fit actor.*

Le juge compétent pour connaître de la demande l'est aussi pour examiner les défenses ordinaires, mais il pourra ne pas l'être toujours pour les demandes reconventionnelles.

En Droit canonique, il était permis au défendeur de former reconventionnellement toutes sortes de demandes, qu'elles se référassent ou non à la demande principale. La juridiction laïque s'était montrée plus sévère à cet égard, et l'article 106 de la Coutume de Paris soumettait la présentation de la demande reconventionnelle à deux conditions : 1° qu'elle dépendît de la demande principale ; 2° qu'elle lui servît de défense.

Supposons, en effet, que Primus demande à Secundus dix chevaux *in genere*, et que ce dernier, à son tour, exige vingt chevaux de Normandie, par exemple, qu'il prétend lui être dus par Primus ; il y aura lieu à un cas de compensation facultative, mais une demande reconventionnelle devra être portée devant le juge pour la livraison du surplus de la dette de Secundus, s'il y a lieu.

Si un locataire se voit actionné en payement de ses loyers par le bailleur et qu'il puisse opposer à ce dernier une demande incidente, tendant à lui faire supporter les frais des réparations que la loi met à sa charge, il y a là une prétention connexe avec la demande principale par l'identité d'origine, car toutes deux dérivent du même contrat, du contrat de bail.

A la différence des défenses ordinaires, toutes les demandes reconventionnelles doivent être formées en même temps; les frais de celles qui seraient proposées postérieurement et dont les causes auraient existé à l'époque des premières, ne peuvent être répétés (art. 338 C. pr.), quand même on obtiendrait gain de cause sur ces demandes. Le but de la loi est évident. Cette disposition tend à empêcher les parties d'entraver la procédure en abusant, par esprit de chicane, du droit qu'elles ont de former des demandes incidentes jusqu'au jugement.

Le tribunal liquidera, selon les circonstances, le montant des frais qui incombent à chacune des parties, et pourra compenser le montant des dommages-intérêts que le demandeur et le défendeur se devront réciproquement.

Que décider quant au jugement définitif de ces demandes?

L'article 338 dispose qu'elles seront jugées au préalable, *s'il y a lieu.* Elles peuvent donc être jointes au fond pour être jugées avec le principal, par un seul et même jugement. Cela arrivera même très-souvent.

De plus, continue l'article, « et dans les affaires sur lesquelles il aura été ordonné une instruction par écrit, l'incident sera porté à l'audience pour être statué ce qu'il appartiendra. » On suppose ici que, dans une affaire instruite par écrit, une demande incidente soit formée par une des parties; cette demande incidente devra-t-elle, par cela seul qu'elle survient dans le cours d'une instance écrite, être soumise aux mêmes formalités que l'instruction du principal? La négative est évidente; le principal peut être fort compliqué, et l'incident, au contraire, être de nature à s'éclaircir dès les premiers débats de l'audience publique : dans ce cas, la loi dit que « l'incident sera porté à l'audience pour être statué ce qu'il appartiendra, » c'est-à-dire soit pour être vidé, jugé de suite et par préalable, si la chose est possible, soit, au contraire, dans le cas où l'incident présentera des caractères de complication analogues à ceux du principal, pour être ordonné que l'incident sera joint au principal, et compris dans l'instruction écrite à laquelle la demande originaire a été déjà assujettie (1).

(1) Boitard, page 503.

Quoique le demandeur à l'incident doive prendre le rôle d'un *actor* principal, il a pourtant sur lui un grand avantage, c'est qu'i l met son adversaire dans l'impossibilité de lui opposer une autre demande reconventionnelle. Reconvention sur reconvention ne vaut, tel était le principe admis dans notre ancienne jurisprudenc e dont les motifs ont encore aujourd'hui conservé toute leur force : *ne alioquin in infinitum prope tentatis ac reciprocatis reconventio- num vicibus lites immortales redderentur* (1).

Le défendeur a encore d'autres avantages à intenter une demande reconventionnelle au lieu de faire juger sa prétention par un procès séparé.

C'est ainsi que si le défendeur a succombé dans une première instance, il pourra invoquer en appel une deuxième demande indépendante, qui sans être introductive d'instance pourra lui servir à éviter la condamnation définitive.

Le droit d'opposer des demandes reconventionnelles est limité par la loi à deux cas spéciaux : « à moins qu'il ne s'agisse de com- » pensation ou que la demande nouvelle ne soit la défense à » l'action principale ( art. 464, C. pr.).

La loi permet donc au défendeur originaire d'invoquer en appel une compensation qu'il n'a pas proposée devant les premiers juges. Nous ne pouvons pas dire qu'il y ait ici une demande nouvelle en présence de l'article 1234 qui place la compensation parmi les modes d'extinction de plein droit.

Mais si au contraire les deux dettes émanaient de deux causes différentes, l'une d'un contrat, l'autre d'un préjudice que le de- mandeur m'a causé, il ne peut y avoir de compensation légale, et voilà pourquoi le défendeur est obligé de présenter sa de- mande reconventionnelle.

Par ce fait, le défendeur enlève au demandeur principal le béné- fice d'une première discussion devant les premiers juges, en d'autres termes, le bénéfice de l'appel. Cette compensation facul- tative figure en effet dans cette espèce comme une défense à l'ac- tion principale, elle est une attaque dirigée dans un but défensif.

Que devrons-nous décider si la demande reconventionnelle

(1) Voët, *de judic.*, lV., no 89.

invoquée en appel par le défendeur est supérieure à la créance à laquelle elle est opposée?

Ne semble-t-il pas y avoir une nouvelle demande, au moins pour le surplus de la somme compensée, et l'article 464 du Code de procédure ne prohibe-t-il pas ces sortes de demandes? Evidemment non. La fin du premier paragraphe nous donne tout de suite la raison de décider : à moins qu'il ne s'agisse de compensation ou que la demande nouvelle ne soit la défense à l'action principale.

Nous pouvons encore ajouter que la Cour d'appel, en reconnaissant l'existence de la dette, influerait évidemment sur la décision des juges qui connaitraient de l'action pour le surplus de la créance du demandeur à la reconvention, et qu'un deuxième jugement n'entraînerait que des longueurs et des frais inutiles.

Le demandeur originaire se trouve ici dans une position bien moins favorable que le défendeur. Il ne peut, en appel, former aucune demande nouvelle, sauf, dit l'article 464, 2°, les demandes d'intérêts, arrérages, loyers et autres accessoires échus depuis le jugement de première instance et les dommages-intérêts pour le préjudice souffert depuis ledit jugement, ce qui comprend la prohibition de modifier sa première prétention. Il serait illogique en effet que celui qui, dans une première instance, a exigé l'exécution d'un contrat pût, en appel, en demander la révocation ou la rescision : ce serait là, pour nous servir du langage de nos anciens auteurs, une demande contraire à elle-même.

Le texte de l'article 464 nous a conduits à nous occuper des demandes reconventionnelles d'abord en appel. Comme la loi est restée muette sur la nature des demandes reconventionnelles qui peuvent être proposées devant les tribunaux de première instance, on pourrait croire, par argument *a contrario* de l'article 464, que toute demande est possible au défendeur, même celle qui n'aurait aucun lien avec la demande. On argumente en outre de l'ancienne pratique.

Mais il est facile de répondre que cette pratique opposée au texte de l'article 106 de la Coutume de Paris était abusive et condamnée par Pothier (1). On la comprenait en Droit romain, sous

_____

(1) Proc. civ., part. 1, ch. 11, sect. 7, § 2.

la procédure formulaire où toutes les condamnations étaient pécuniaires, mais chez nous elle blesserait le bon sens et serait d'ailleurs contraire à la nécessité du préliminaire de conciliation et aux
règles sur la compétence; car elle priverait le demandeur de ce
préliminaire et du droit d'être actionné devant son juge. Nous
devons donc admettre que l'article 464 commande les demandes
reconventionnelles en première instance comme en appel.

Les demandes reconventionnelles donnent lieu à l'application de
ce principe, que le juge de l'action est juge de l'exception. Il est
posé d'une manière absolu par l'art. 2 de la loi du 11 avril 1838,
en ce qui touche les tribunaux civils de première instance. Le
défendeur trouve donc un nouvel avantage à cette marche, c'est
d'actionner lui-même devant son propre tribunal; il y traduit le
demandeur, encore que celui-ci soit domicilié dans un autre
arrondissement et celui-ci se trouve ainsi privé du bénéfice de la
maxime *actor sequitur forum rei*.

Pour savoir si le tribunal jugera les deux demandes, principale
et reconventionnelle, en premier ou en dernier ressort, il faut,
non pas additionner leur montant, mais les examiner chacune
isolément. Si aucune d'elles ne dépasse le taux du dernier ressort,
il sera statué sur le tout sans qu'il y ait lieu à appel. Si l'une
d'elles dépasse ce taux, le tribunal ne prononcera sur toutes les
demandes qu'en premier ressort.

Néanmoins, ajoute l'art. 2 de la loi du 11 avril 1838, il sera
statué en dernier ressort sur les demandes en dommages-intérêts,
lorsqu'elles seront fondées exclusivement sur la demande principale elle-même.

Ceci a été admis pour éviter un abus intolérable qui consistait
à réclamer sans motif de très-forts dommages-intérêts, à raison
de l'injustice prétendue de la demande, pour forcer le demandeur
à aller en appel.

Cependant, ce déplacement de compétence aurait entraîné des
inconvénients s'il avait pu toujours déroger même aux règles de la
compétence *ratione materiæ*.

Aussi la loi du 25 mai 1838, sur les justices de paix, après avoir
appliqué à cette juridiction les principes admis par celle du 11 avril

pour les tribunaux de première instance , s'est-elle arrêtée devant cette considération dans son art. 8 *in fine* :

« Si la demande reconventionnelle ou en compensation excède les limites de sa compétence , il pourra , soit retenir le jugement de la demande principale , soit renvoyer sur le tout les parties à se pourvoir devant le tribunal de première instance, sans préliminaire de conciliation. »

Ainsi , une demande purement personnelle et mobilière , moindre de 200 fr. a été formée devant un juge de paix ; le défendeur oppose en compensation une prétendue créance de 300 fr., fondée sur un autre motif que les dommages-intérêts du procès. Le juge de paix ne pourra connaître de cette demande reconventionnelle , il devra simplement apprécier si cette demande paraît être formée de bonne foi et si elle peut servir de défense à l'action principale; en cas d'affirmative, il renverra les parties et ne connaîtra d'aucune des demandes, en cas de négative il statuera sur la prétention du demandeur , et le défendeur devra faire valoir la sienne isolément par les voies ordinaires.

Les mêmes principes ont été appliqués aux tribunaux de commerce par la loi du 3 mars 1840, qui a révisé l'article 639 du Code de commerce. Bien que cet article ne reproduise pas les dispositions finales de l'article 8 de la loi du 25 mai 1838, sur les justices de paix, nous pensons qu'à raison de la compétence restreinte de ces tribunaux, le défendeur ne pourrait pas les saisir utilement d'une demande reconventionnelle pour laquelle ils seraient incompétents à raison de la matière (art. 424 C. pr.). Dans ce cas, le tribunal de commerce pourrait statuer sur la demande principale et devrait renvoyer le défendeur à se pourvoir devant la juridiction compétente (1).

Nous devons enfin prévoir l'hypothèse inverse, celle dans laquelle le défendeur opposerait devant un tribunal civil une demande reconventionnelle qui , de sa nature , aurait été de la compétence d'un tribunal de commerce ou d'un juge de paix. Pour les personnes qui considèrent les tribunaux ordinaires comme

_____

(1) En ce sens M. Rodière, *Cours de Compétence et de Procédure*, page 111.

ayant toujours la plénitude de juridiction, le tribunal aurait évidemment le droit de statuer sur la demande reconventionnelle.

Mais l'article 170 du Code de pr. suppose formellement que les tribunaux ordinaires peuvent être incompétents à raison de la matière. Il paraît donc inadmissible que la demande reconventionnelle puisse jamais avoir pour effet de proroger la compétence *ratione materiæ* qui est d'ordre public, et au-dessus des conventions et des combinaisons des parties. Le tribunal devrait donc statuer sur la demande principale et repousser la demande reconventionnelle, en se déclarant incompétent, sauf au défendeur à répéter la condamnation aux dépens, si la demande reconventionnelle était plus tard reconnue fondée.

Cependant, ceux-là même qui admettent qu'un tribunal ordinaire serait incompétent *ratione materiæ*, pour une demande de nature à être jugée par les justices de paix, les conseils de prud'hommes ou les tribunaux de commerce, reconnaissent aux tribunaux ordinaires le droit de juger ces mêmes demandes lorsqu'elles se présentent comme demandes reconventionnelles.

Les juridictions d'exception ont été créées, en effet, pour hâter la solution des procès; or, ici leur compétence la retarderait en divisant les deux instances. De plus, on ne trouverait alors aucun tribunal compétent pour apprécier le moyen de compensation, puisque nous venons de poser le principe, que les tribunaux d'exception ne peuvent jamais connaître de demandes reconventionnelles qui seraient en dehors de leur compétence (1).

## CHAPITRE IX.

### Le défendeur oppose une question préjudicielle.

La matière des questions préjudicielles appartient au Droit criminel, nous aurions donc pu la laisser de côté dans notre travail,

---

(1) Voir en ce sens M. Rodière, *Cours de Compétence et de Procédure en matière civile*, tome 1, page 116.

mais comme les règles relatives au rôle du défendeur sont en somme les mêmes en Droit criminel qu'en Droit civil, nous avons cru convenable de dire un mot d'un aussi grave sujet.

Ce chapitre se rattache, d'ailleurs, de la façon la plus intime au précédent; nous avons vu, en effet, l'application de cette maxime, que le juge de l'action est juge de l'exception; la matière des questions préjudicielles va nous fournir, au contraire, les cas les plus remarquables des dérogations à cette règle.

*Lato sensu*, une question préjudicielle est celle qui doit être résolue avant le jugement d'une autre; en ce sens, les exceptions proprement dites dont nous avons parlé plus haut sont des questions préjudicielles.

*Stricto sensu*, on appelle questions préjudicielles, en matière criminelle, des questions incidemment posées sur lesquelles la juridiction de répression saisie du fond n'a pas pouvoir de statuer; en sorte que l'action publique ne peut être jugée qu'après le jugement de la question préjudicielle par le tribunal compétent.

En Droit romain, il n'y avait pas de question préjudicielle en ce sens; le juge saisi du fond connaissait même des questions incidentes dont il n'aurait pu connaître isolément et directement (1).

Notre ancien Droit n'eut pas à cet égard de système général; si par exemple une question de filiation se présentait incidemment à une procédure criminelle, le tribunal répressif était compétent, à moins que le demandeur ne fût convaincu d'avoir voulu simplement faire juger une question d'état et pris la voie criminelle sans fondement. De même, dans le cas de rapt de séduction, le lieutenant criminel ne pouvait connaître de la question résultant d'une promesse de mariage; il devait renvoyer l'accusé devant les juges d'église pour y faire vider cette question.

C'étaient bien là des questions préjudicielles, *stricto sensu*.

Aujourd'hui le principe n'a pas changé; le juge de l'action est juge de l'exception ou de l'incident. Cette extension de compétence ne doit pas souffrir de dérogation toutes les fois que l'événement ci-

(1) L. 3, Cod. (3, 18), *de ord. jud.*; L. 1 et 3, Cod. (7, 19) *de ordin. cognit.*; L. 3, Cod. (3, 1) *de judiciis.*; L. 26, Cod. (9, 2) *ad. leg. Jul. de adult.*; L. 1, Cod. (1, 41) *de offic. rect. prov.*

vil qui forme la matière de la question incidente, et le délit dont la juridiction criminelle est saisie, ne forment qu'un seul et même acte, et sont inséparables l'un de l'autre ; ainsi dans le délit d'habitude d'usure, le délit naît en même temps que le contrat de prêt et se confond avec lui, de sorte qu'ils forment un tout indivisible.

Le même principe est admis, dans l'intérêt d'une bonne et prompte justice, même lorsque le contrat et le délit constituent des faits distincts, ainsi pour le délit d'abus de confiance le tribunal répressif examinera d'abord la question de savoir s'il y a eu mandat, prêt, dépôt, etc., en se conformant aux règles des articles 1341 et suivants sur la preuve testimoniale. Après quoi, il recherchera par tous les moyens s'il y a eu détournement. Ainsi la dénégation, par le prévenu, du contrat ne formera pas ici question préjudicielle et ne donnera pas lieu à un renvoi devant un tribunal civil. Un pareil conflit de juridiction, comme l'a dit M. Mangin, entraverait sans profit la marche de la justice.

Telle est la règle. Par exception dans ce dernier ordre de cas, lorsque le fait civil est distinct du délit, quoique devant influer sur son existence, il y a des questions dont le tribunal répressif ne pourrait connaître.

Si une question de ce genre est posée par le prévenu et si elle est sérieuse, il y a lieu à renvoi devant une autre juridiction, et c'est alors vraiment qu'il y a question préjudicielle.

Cette matière est compliquée parce que la loi n'a pas été suffisamment explicite. Aussi une grande anarchie se produisit-elle, à cet égard, dans la jurisprudence. La Cour de Cassation, pour fixer ses idées, délibéra sur la marche qu'elle devait adopter sur ces questions, et une note fut rédigée par M. Barris et approuvée par Merlin, dans laquelle la Cour suprême se disait à elle-même comment il lui paraissait convenable de juger en ces matières pour l'avenir. Cette note connue sous le nom de Note du 5 novembre 1813 était destinée à rester secrète, sans doute pour qu'on ne l'accusât pas de ressembler à un arrêt de règlement, mais elle fut publiée quelques années plus tard par M. Mangin, dans son Traité *de l'action civile et de l'action publique.*

Pour être prise en considération et n'être pas rejetée *de plano* comme une simple chicane, il faut d'après l'article 182 du Code forestier, la réunion des conditions suivantes : que la question préjudicielle résulte de faits extérieurs à l'acte imputé, sans cela le délit, nous le savons, se confondrait avec l'acte civil, il y aurait indivisibilité et le tribunal criminel serait seul compétent. Il faut ensuite qu'elle soit de nature à disculper le prévenu, si elle est prouvée, enfin qu'elle soit déjà vraissemblable, et qu'elle soit sérieusement proposée (Cassation, 4 septembre 1857).

Les questions préjudicielles qui répondent à ces conditions, sont de deux catégories ; les unes mettent obstacle à l'exercice de l'action, les autres simplement au jugement. La différence est très-grande entre ces deux ordres d'idées. Ainsi, le ministère public ne peut pas commencer les poursuites dans le premier cas ; il le peut au contraire dans l'autre. Le tribunal, dans le premier cas, doit se déclarer incompétent d'office, comme s'il y avait prescription ou amnistie, car l'action publique n'est pas née ; au contraire, la question préjudicielle au jugement doit être formellement posée par l'accusé, et le tribunal ne pourrait pas s'en saisir d'office, sans commettre cet excès de pouvoir appelé dans la pratique *ultraupetita*.

Le tribunal de répression, en présence d'une question préjudicielle à l'action, n'a pas le droit de fixer un délai dans lequel le prévenu devra faire juger la question préjudicielle, et après lequel seraient reprises, faute de jugement, les poursuites criminelles. Il le peut, au contraire, lorsqu'il s'agit d'une question préjudicielle au jugement.

Enfin l'inculpé, s'il est en état de détention préventive, devra être mis immédiatement en liberté dans le premier cas, il sera retenu dans le second.

Ainsi les questions préjudicielles à l'action ne devraient véritablement pas porter ce nom, car ce sont des fins de non-recevoir dont l'existence paralyse l'action publique.

Il n'entre pas dans notre plan de donner des détails sur ces diverses questions, pas plus que nous n'avons dû développer plus haut les règles relatives à chacune des exceptions proprement dites. Nous nous bornons en effet à tracer d'une manière générale le rôle du défendeur et les divers aspects que ce rôle peut prendre. Sous le bénéfice de ces observations, nous allons indiquer les questions préjudicielles à l'action.

Elles résultent : 1° Des articles 326 et 327 du Code civil qui ont rendu les tribunaux civils seuls compétents dans le cas de réclamation d'état. On sait que ces articles ont été admis à cause de l'abus qui avait été fait autrefois du jugement des questions d'état par les tribunaux criminels, et de cette idée fausse que les règles de la preuve seraient différentes en matière criminelle de ce qu'elles sont en matière civile. Nous ajouterons seulement que cette règle ne s'applique qu'à la filiation, et pendant la vie de l'individu dont l'état a été supprimé (Cassat., 2 juillet 1819).

2° D'après l'article 357 du Code pénal, le ravisseur qui aurait épousé la fille qu'il aurait enlevée ne pourra être poursuivi qu'après que la nullité du mariage ainsi contracté aurait été prononcée. Ceci ne résulte pas textuellement de l'article, mais les nécessités pratiques, d'accord avec les travaux préparatoires, ont fait admettre que les poursuites ne pourront commencer qu'après la plainte des personnes intéressées et l'annulation du mariage.

3° La doctrine, contrairement à la jurisprudence (Cassation, 30 janvier 1824), admet que les poursuites en banqueroute simple ou frauduleuse ne peuvent commencer qu'après que la faillite a été déclarée par le tribunal de commerce. Les articles 459 et 483 du Code de commerce, disent les auteurs, n'accordent au ministère public, en matière de faillite, qu'un simple droit de surveillance ; il ne peut pas provoquer la déclaration de faillite devant le tribunal de commerce, comment pourrait-il la faire prononcer indirectement par douze jurés ? En outre, son immixtion indiscrète pourrait provoquer les plus grands désastres.

4° D'après l'article 7 du Code d'instruction criminelle, l'action publique contre l'étranger ne peut être mise en mouvement que lorsqu'il est arrêté ou qu'on a obtenu son extradition. Il ne pourrait être poursuivi par contumace.

5° L'article 5 du même Code déclare que le Français qui s'est rendu coupable d'un crime à l'étranger ne pourra être poursuivi que si les deux conditions suivantes sont réunies : qu'il soit de retour en France et qu'il n'ait pas été jugé à l'étranger.

Pour les délis commis par un Français à l'étranger, il faut en outre qu'il y ait plainte, et que ce délit soit prévu et puni par la loi étrangère.

Quant aux questions préjudicielles au jugement, nous savons à quelles conditions elles peuvent être opposées par le défendeur à l'action publique. Leur admission a pour effet de donner au prévenu un sursis fixé par le tribunal criminel, et pendant lequel il doit les faire juger par la juridiction compétente. Si le prévenu n'agit pas dans ce délai, le ministère public pourra reprendre les poursuites et obtenir une décision du tribunal répressif.

Pendant le délai, le prévenu, s'il est déjà saisi, doit demeurer en état de détention préventive, mais d'autre part, le tribunal répressif ne peut prendre aucune mesure relativement au fait dont la connaissance lui a été déférée.

Ainsi quand le délit a pour objet un immeuble, il ne peut ordonner que les lieux seront remis en leur premier état. Si le prévenu étant en liberté renouvelle les faits incriminés, aucune condamnation ne peut être prononcée contre lui.

Ces questions préjudicielles ne peuvent évidemment être admises qu'en vertu d'un texte spécial de la loi ou par un argument d'analogie. Les unes sont de la compétence des tribunaux judiciaires, d'autres de la compétence des tribunaux administratifs. Nous allons énumérer rapidement les principales.

1° Il y a lieu à renvoi devant la juridiction civile, toutes les fois que la personne prévenue d'un délit sur un immeuble oppose son droit sur cet immeuble. Le défendeur dit alors : *feci, sed jure feci*. Cette règle, admise par la jurisprudence et la tradition, est spéciale aux immeubles par nature. Elle a été consacrée par l'article 12, titre xix de la loi du 29 septembre 1791, par l'article 59 de la loi du 15 avril 1829 sur la pêche fluviale, et par l'article 182 du Code forestier.

Il faut, bien entendu, que le droit allégué soit de nature à ôter au fait tout caractère délictueux. Ainsi, pour ne citer qu'un exemple, un pêcheur prévenu d'avoir usé d'un engin prohibé se prétendrait en vain propriétaire riverain du ruisseau (Cassation, 14 août 1823).

Mais il n'est pas nécessaire que le prévenu excipe d'un droit do propriété ; ainsi la question préjudicielle résulterait suffisamment de la prétention à l'usufruit, à l'usage, à l'habitation ou à une servitude, en vertu desquels droits le prévenu déclarerait avoir fait l'acte pour lequel il est poursuivi.

Mais l'allégation d'un droit réel sur un meuble ne forme pas question préjudicielle. Ainsi, quand l'accusé d'un vol prétend que le meuble dont il s'agit est sa propriété ou que c'est une chose abandonnée, le tribunal criminel sera compétent.

Il en est de même en matière de contrats, d'après la jurisprudence de la Cour de cassation, depuis la note du 5 novembre 1813, dont nous avons parlé plus haut. Si, par exemple, l'individu poursuivi pour délit de chasse, prétend avoir affermé du propriétaire le droit de chasse sur son fonds, le tribunal répressif sera compétent.

Ceci souffre exception dans trois cas :

*a*). En matière de contravention au péage de bacs, ponts, etc., quand l'existence ou le taux de la dette sont discutés, la question doit être décidée par les tribunaux civils (art. 56 de la loi du 26 frimaire an VII).

*b*). Il faut appliquer la même règle aux droits d'octroi, lorsqu'il n'y a pas eu consignation (art. 1, loi du 2 vendémiaire an VIII).

*c*). S'il s'agit de contrats administratifs, le tribunal répressif n'est pas compétent.

Remarquons enfin que l'exception de non-propriété d'un immeuble, forme aux yeux de la jurisprudence une question préjudicielle ; c'est au moins ce qui a été jugé par la Cour de Cassation, à propos d'une personne prévenue d'une plantation illicite de tabac (27 février 1812). M. Dalloz critique cet arrêt, car il n'y a, dit-il, aucun motif de dérogation à la règle générale, que le juge de l'action est le juge de l'exception.

2° La personne qui est poursuivie comme bigame et qui oppose la nullité de son premier mariage, soulève une question préjudicielle dont la connaissance appartient aux tribunaux civils (art. 188 et 189 du Code civil).

Cette hypothèse donne lieu à des difficultés particulières que nous allons brièvement résumer.

Nous devons dire tout d'abord que le mariage ne forme point par lui-même question préjudicielle, lorsqu'il y a, par exemple, suppression de l'état d'époux ; l'article 198 du Code civil suppose, en effet, qu'une célébration légale du mariage est prouvée par une procédure criminelle.

Cela posé, la jurisprudence a admis que l'allégation de la nullité du premier mariage par l'accusé de bigamie, forme question préjudicielle, parce que ce premier mariage est entièrement indépendant du crime qui a consisté dans la célébration du second ; c'est un fait extérieur.

Mais la note précitée du 5 novembre 1813, n° 8, faisait une distinction entre le cas où la nullité invoquée était absolue et le cas où elle était relative. Si elle était absolue, il y avait question préjudicielle. Si elle était relative, non ; car, selon la note, le mariage entaché d'une nullité simplement relative n'aurait pas été inexistant, et dès lors la nullité, même prononcée, n'aurait pas purgé le crime du second mariage. Cette distinction est aujourd'hui rejetée avec raison ; car, dès que le tribunal a déclaré nul un mariage, il importe peu que ce soit en vertu d'une nullité relative ou absolue ; dans l'un comme dans l'autre cas, il n'y a jamais eu mariage, et il se produit un effet analogue à celui que l'article 1183 attribue à l'arrivée d'une condition résolutoire ; sauf, bien entendu, les règles de faveur du mariage putatif (art. 201 et 202).

Donc, dans les deux cas, le prétendu bigame ne saurait être poursuivi après la nullité prononcée, et, s'il est poursuivi avant, il doit être entendu dans les deux cas, lorsqu'il veut faire juger au préalable par un jugement civil la question de nullité.

Cependant, la nullité relative entraîne une difficulté spéciale, lorsque l'action appartient, non pas au bigame, mais à son premier conjoint. Ainsi, l'accusé de bigamie avait épousé d'abord une mineure sans le consentement des père et mère de cette mineure. L'action en nullité du premier mariage n'appartient qu'à la première femme et aux père et mère. L'accusé de bigamie peut-il opposer cette nullité ? La question est embarrassante, car il est difficile d'admettre une action provocatoire du bigame contre son premier conjoint, à l'effet de forcer celui-ci à se prononcer sur la nullité. D'autre part, il est certain que le bigame n'aurait pas pu être poursuivi, si la nullité avait été prononcée à la requête de son conjoint, avant que le ministère public eût jeté les yeux sur lui, eût exercé ce qu'Ulpien appelle si énergiquement le *jus animadvertendi facinorosos homines*. Enfin, nous admettrions difficilement qu'une condamnation définitive pût disparaître par la nullité prononcée plus tard, comme aussi que la peine continuât, dans ce cas, à être subie après la disparition du délit.

En somme, si la question se présentait dans la pratique, nous pensons que le mieux serait, sur la demande de l'accusé de bigamie, d'attendre l'expiration des délais, assez courts, dans lesquels les articles 181 et 183 ont enfermé les actions en nullité relatives au mariage. Si, dans ces délais, le premier conjoint faisait prononcer la nullité, toute poursuite cesserait : sinon, la question préjudicielle disparaîtrait avec l'expiration des délais de l'action en nullité.

Il est possible que l'accusé de bigamie oppose la nullité, non plus du premier mariage, mais du second pour une autre cause, bien entendu, que celle de bigamie. En ce cas, le fait civil et le fait délictueux sont indivisibles, puisque le délit consiste précisément dans la célébration du second mariage. Donc, selon les principes ci-dessus posés, il n'y a pas question préjudicielle, et le tribunal criminel sera compétent pour apprécier *secundum subjectam materiam* la nullité du second mariage.

Suivant ces données, que devons-nous dire du cas où la femme prévenue d'adultère oppose la nullité de son mariage? Comme le délit n'existe justement que parce qu'elle est mariée et que, si elle est mariée, le fait du mariage est intrinsèque au délit et ne lui est point extérieur, nous devons décider que le tribunal criminel est compétent, et qu'il n'y a pas question préjudicielle.

Nous avons le regret de dire que la Cour de Cassation, saisie d'une affaire jugée par le Tribunal de la Seine, le 8 août 1866, et par la Cour de Paris le 20 décembre 1866, a adopté la solution inverse par un arrêt du 13 avril 1867, rendu contrairement aux conclusions du Ministère public. Une pareille jurisprudence, si elle devait se fixer, pourrait avoir les plus fâcheux effets, puisqu'il en résulterait que toute question d'état soulevée par le prévenu devrait dessaisir momentanément le tribunal répressif. Aussi pensons-nous que la Cour suprême l'abandonnera à la première occasion, car aujourd'hui elle se trouve en contradiction avec elle-même. Elle avait admis, en effet, par arrêt du 10 septembre 1839, que la dénégation de la qualité de fils ne forme pas question préjudicielle dans une question de parricide, et que le tribunal criminel statuera lui-même sur l'exception. Si elle a pu décider ainsi avec raison, c'est parce que la qualité de fils est ici intrinsèque au délit, car, si elle lui était extérieure, il y aurait question préjudicielle, non-seulement au jugement, mais même à l'action, comme nous l'avons vu plus haut.

3° La poursuite pour dénonciation calomnieuse, prévue et autorisée par l'article 373 du Code pénal, suppose la fausseté des faits imputés, mais le prévenu n'est pas admis à prouver devant la juridiction saisie de l'action en dénonciation la vérité des faits par lui allégués. Donc, le tribunal correctionnel sursoiera jusqu'à ce que l'existence ou la non-existence des faits ait été tranchée par l'autorité compétente. Si par exemple, le fait imputé est un crime, la question préjudicielle sera suffisamment tranchée par un arrêt de la Chambre des mises en accusation, déclarant qu'il n'y a pas lieu à poursuivre.

4° L'exception d'extranéité forme question préjudicielle de la compétence des tribunaux civils, lorsqu'elle est posée devant un conseil de guerre, par exemple, dans une poursuite pour désertion (art. 26, loi du 21 mars 1832). Il est vrai qu'il y a ici quelque chose de particulier, c'est que le prévenu est traduit devant un tribunal répressif dont la compétence est toute spéciale, et ne saurait être étendue (Cassation, 11 septembre 1842; 15 avril 1843).

Enfin, les questions relatives à des actes administratifs qui se présentent dans le cours d'une poursuite, forment des questions préjudicielles sous les conditions ci-dessus fixées. C'est l'application du principe de la séparation des pouvoirs, ainsi formulé par la loi du 16 fructidor an III : « Défenses itératives sont faites aux tribunaux de connaître des actes d'administration de quelque espèce qu'ils soient. »

Il nous suffira de citer quelques exemples :

*a*). L'autorité judiciaire est compétente en matière de contravention aux règlements de voierie urbaine ( édit. de 1607, art. 4 et 5),
loi du 16 septembre 1807, art. 58. Mais elle devra surseoir si , par
exemple , le prévenu prétend qu'il a observé l'alignement qui lui
a été donné par l'Administration, ou que le lieu dans lequel la
contravention a été commise ne forme pas une voie publique.

*b*). Si un individu prévenu de concussion, prétend qu'à l'époque
où on l'accuse de détournements de fonds , il n'était pas reliqua-
taire envers l'Etat, cela formera une question préjudiciable de la
compétence de la Cour des comptes.

Il n'entre pas évidemment dans notre sujet qui est très-général,
d'examiner les autres obstacles que le défendeur peut opposer à
l'exercice de l'action publique, comme l'immunité diplomatique ,
la démence survenue depuis le délit, ou autrefois la garantie
constitutionnelle de l'art. 75 de la constitution de l'an VIII, aujour-
d'hui abrogée par un décret du Gouvernement de la Défense
nationale du 19 septembre 1870, lequel décret est resté en vigueur
et a été appliqué depuis.

## CHAPITRE X.

### Des mesures relatives au dol du défendeur.

Le Droit romain avait pris tout un ensemble de mesures relatives soit au dol du demandeur, soit au dol du défendeur. A cette
dernière catégorie appartiennent la *cautio de dolo*, *de perse-
quendo servo qui in fuga est restituendove pretio*, la caution
*judicatum solvi* due par tout défendeur à l'action réelle, etc.

Bien que le Droit français n'ait pas poussé aussi loin les procédés préventifs du dol et qu'il ne donne ouverture en général qu'à

une créance de dommages-intérêts (art. 1150 et 1151), cependant les parties ne sont pas toujours désarmées.

C'est ainsi que le dol possible du demandeur est réprimé à l'avance, lorsque le demandeur est étranger, par la caution à fournir par les étrangers (art. 16 du Code civil et 160 du Code de procédure).

En ce qui touche le dol du défendeur, il est particulièrement à craindre dans les actions réelles ; car puisqu'il demeure en possession *inter moras litis*, on peut craindre, s'il s'agit d'un meuble, qu'il ne le fasse disparaître ou ne l'aliène au profit d'un tiers de bonne foi, et, s'il s'agit d'un immeuble, il pourrait le dégrader, couper les arbres, etc., causer en un mot un dommage irréparable, surtout si l'on songe à la valeur d'affection que le propriétaire revendiquant peut avoir pour la chose.

En pareil cas le remède consiste dans la mise sous séquestre de la chose litigieuse (art. 1961).

La plupart des auteurs qui ont écrit sur le Code de procédure admettent la voie de la tierce opposition dans une hypothèse où il s'agit d'atteindre le même but. Deux personnes ont plaidé sur la propriété d'une chose mobilière (1), le possesseur actuel a succombé. Mais une troisième personne se déclare propriétaire de la même chose, et elle veut s'opposer à l'exécution du jugement intervenu entre les deux premières, parce qu'elle estime que la chose courrait des dangers en changeant de possesseur. Celui qui a gagné le procès est insolvable, un dissipateur, un homme capable de faire disparaître la chose. On admet que ce nouveau revendiquant pourra alors, par la tierce opposition, attaquer le jugement auquel il est demeuré étranger pour empêcher que ce jugement ne soit exécuté et que la possession de la chose litigieuse soit déplacée.

On préviendra ainsi le dol possible de celui qui, par l'exécution de la sentence, serait devenu défenseur à la nouvelle revendication.

Certaines personnes, il est vrai, ont nié la nécessité de la tierce opposition en disant, dans cette hypothèse, qu'il suffirait

(1) Art, 478, Cod. pr.

de s'opposer par voie de référé à l'exécution du jugement. Mais ceci ne nous paraît pas exact, parce que le jugement est un titre exécutoire auquel serait dû provision.

Hors ces cas, nous ne sachions pas que notre Droit ait des moyens préventifs contre le dol possible du défendeur, et les droits du demandeur se borneront à une créance de dommages-intérêts qui est devenue bien vaine, il faut en convenir, contre un défendeur insolvable depuis que l'article 126 du Code de proc. a disparu par suite de l'abolition de la contrainte par corps.

# POSITIONS.

---

## DROIT ROMAIN.

I. — L'exception de dol insérée dans les actions *stricti juris* n'entraînait pas, si elle était vérifiée, la perte du procès pour plus pétition.

II. — Les premières exceptions sont nées de droits revêtus d'action par l'ancien Droit civil.

III. — Les exceptions n'existaient pas du temps des actions de la loi.

IV. — L'édit de Marc-Aurèle qui ordonna l'insertion de l'exception de dol pour admettre la compensation dans les actions *stricti juris* ne fit que simplifier la pratique antérieure.

V. — Le possesseur de bonne foi n'était pas tenu, au temps classique, de restituer au propriétaire revendiquant les fruits non consommés.

## ANCIEN DROIT FRANÇAIS.

I. — C'est à tort que nos anciens auteurs prétendaient rattacher ce qu'ils appelaient des exceptions aux exceptions du Droit romain.

II. — L'institution contractuelle a sa source dans les lois barbares.

## DROIT FRANÇAIS.

I. — Le mot exception n'a pas un sens déterminé dans la nomenclature juridique actuelle.

II. — La maxime *actori incumbit probatio* ne signifie pas que le défendeur pourrait impunément se renfermer dans un rôle muet, tant que le demandeur n'a pas fait sa preuve.

III. — La maxime *quæ temporalia sunt ad agendum perpetua sunt ad excipiendum* est aujourd'hui en vigueur.

IV. — Le demandeur à l'action négatoire doit quelquefois prouver l'inexistence de la servitude.

V. — Si le demandeur invoque à l'appui de sa demande un billet non causé, le défendeur devra prouver l'inexistence de la cause.

VI. — La possession d'état ne fait pas preuve de la filiation naturelle.

## PROCÉDURE CIVILE.

I. — L'exception de la caution à fournir par les étrangers et celle d'incompétence *ratione personæ* doivent être proposées conjointement.

II. — On peut expliquer l'article 186 du Code de procédure en disant qu'il existe d'autres exceptions dilatoires que celles de l'héritier ou de la veuve et de garantie.

III. — Le préliminaire de conciliation est d'ordre public.

## DROIT CRIMINEL.

I. — En cas de poursuite pour bigamie la question de nullité du premier mariage forme question préjudicielle, que la nullité invoquée soit absolue ou simplement relative.

II. — Si l'accusé de bigamie invoquait une cause de nullité relative de son premier mariage, dont l'action n'appartiendrait pas à lui, mais à son premier conjoint ou aux ascendants de celui-ci, le tribunal criminel devrait surseoir jusqu'à l'expiration des délais de cette action.

III. — En cas de poursuite pour adultère, l'allégation de nullité du mariage ne forme pas question préjudicielle, et le tribunal criminel sera compétent pour statuer.

## DROIT COMMERCIAL.

I. — On ne saurait expliquer aujourd'hui la nécessité de la mention de la cause dans les lettres de change et les billets à ordre.

II. — L'article 448 devrait être remanié en ce sens, par exemple, que le privilége du vendeur devrait être conservé contre la masse, bien que la transcription de l'acte de vente fût postérieure au jugement déclaratif de faillite.

## DROIT ADMINISTRATIF

I. — La loi du 23 mars 1855 sur la transcription ne s'applique pas à l'expropriation pour cause d'utilité publique.

II. — La concession d'une servitude à un particulier par l'expropriant sur des terrains non employés aux travaux qui ont nécessité l'expropriation, ouvre le Droit de préemption de l'ancien propriétaire.

VU :

*Le Président de la Thèse,*

A. RODIÈRE.

VU :

*Le Doyen de la Faculté,*

DUFOUR.

VU ET PERMIS D'IMPRIMER :

*Pour le Recteur empêché, l'Inspecteur d'Académie délégué,*

VIDAL-LABLACHE.

---

« Les visas exigés par les règlements sont une garantie des principes et
» des opinions relatifs à la religion, à l'ordre public et aux bonnes mœurs
» (statuts du 9 avril 1825, art. 11), mais non des opinions purement juridi-
» ques, dont la responsabilité est laissée aux candidats.
» Le candidat répondra en outre aux questions qui lui seront faites sur les
» autres matières de l'enseignement. »

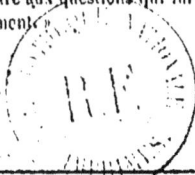

Toulouse, Impr. Louis et Jean-Matthieu DOULADOURE, rue St-Rome, 39.

www.ingramcontent.com/pod-product-compliance
Lightning Source LLC
Chambersburg PA
CBHW070523200326
41519CB00013B/2910